Reinhold Solger

Anton in Amerika - Novelle aus dem deutsch-amerikanischen Leben

1. Band

Reinhold Solger

Anton in Amerika - Novelle aus dem deutsch-amerikanischen Leben
1. Band

ISBN/EAN: 9783743639706

Hergestellt in Europa, USA, Kanada, Australien, Japan

Cover: Foto ©ninafisch / pixelio.de

Weitere Bücher finden Sie auf **www.hansebooks.com**

Deutsch-amerikanische Bibliothek.
1. Band.   Preis 50 Cents.

Anton in Amerika.

Novelle

aus dem deutsch-amerikanischen Leben

von

Reinhold Solger.

Erster Theil.

New York.
E. Steiger.
1872.

Deutsch-amerikanische Bibliothek.

1. Band.

Anton in Amerika.

Von

Reinhold Solger.

Erster Theil.

New York.
E. Steiger.
1872.

Anton in Amerika.

Novelle
aus dem
deutsch-amerikanischen Leben
von
Reinhold Solger.

So spielt man in Venedig!

Erster Theil.

New York.
E. Steiger.
1872.

Entered, according to Act of Congress, in the year 1862, by
Rudolph Lexow,
in the Clerk's Office of the District Court of the United States for the Southern District of NEW YORK.

Stadt.

> Muß wirken und schaffen,
> Erlisten, erraffen,
> Muß wetten und wagen,
> Das Glück zu erjagen.
> (Lied von der Glocke.)

Einleitung.

Zur Orientirung für den Leser.

Ueb' immer Treu' und Redlichkeit
Bis an dein kühles Grab.
(Melodie aus der „Zauberflöte".)

Unter den lehrreichen Lebensbeschreibungen für die Jugend, welche seit längerer Zeit in Deutschland erschienen sind, hat diejenige, welche unter dem Titel „Soll und Haben" von Herrn Gustav Freytag in Leipzig herausgegeben wurde, nämlich die Biographie des Herrn Kaufmannes Anton Wohlfahrt in Breslau, mit Recht die besten Geschäfte gemacht. Denn man kann aus dem Beispiele dieses Ehrenmannes, der rein mit Nichts angefangen hat, so recht deutlich ersehen, daß wenn Einer ordentlich und fleißig ist, dem vorgesetzten Principal gegenüber den schuldigen Respect stets in Obacht nimmt, sich mit dessen Familie gut stellt und sich überhaupt höflich und artig gegen Jedermann aufführt, wie es einem jungen Menschen geziemt, daß er dann nicht besorgt zu sein braucht: Es wird ihm schon gut gehen. Wer daher das Buch „Soll und Haben" noch nicht gelesen hat,* der sollte sich dasselbe doch ja sobald als möglich anschaffen und es besonders auch seinen heranwachsenden Kindern zu lesen geben. Herr Anton Wohlfahrt, der jetzt so ungeheuer reich und angesehen ist, hat, wie gesagt, mit Nichts angefangen. Er war der Sohn eines bloßen Subalternbeamten und wurde von Herrn Traugott Schröter, dem großen Kaufmann in Breslau, aus purer Gnade als Lehrling ins Geschäft genommen. Aber er nahm sich den Wahlspruch: „Ehrlich währt am längsten," und so wurde er, was er jetzt ist. Das kommt, weil er gute Grundsätze hatte und dachte: „Der gerade Weg ist der beste." Gegen die Stimme der Verführung war er taub. Mit Abligen wollte er nichts zu thun haben; mit Juden

---

* Der in Deutschland wohnende Leser begreift, daß dies an „ungebildete Deutsch-Amerikaner" gerichtet ist.

erst recht nichts; und so blieb er auf der goldenen Mittelstraße und wurde ein reicher Mann. Einmal verliebte er sich in ein junges Mädchen, die von Adel war. Ihr Vater war sogar Major a. D., und sie hätte ihn schon ganz gern gemocht. Aber er sagte zu sich selbst: „Hand weg! das ist nichts für dich," und dabei blieb es. Das nennt man doch noch einen Mann! Er hatte einen Freund, der Volontär in demselben Geschäft, aber dabei ein Erzschwitier war. Nicht gerade, daß er ein schlechter Kerl war, aber was man einen Schwitier nennt. Also folgte er ihm? Nein! er folgte ihm nicht. Er sagte: „von Fink," sagte er, „Sie sind mein Freund, aber deshalb mit Ihnen schwitisiren? Niemals!" Damit war die Sache abgemacht und Fink wußte recht gut, daß wenn Anton einmal gesagt hatte: „Niemals!" so blieb es „niemals" und keine Faxen. Aber darum blieben sie doch Freunde. Das muß man dem Fink lassen, darin war er edel: er wußte die Freundschaft zu schätzen und ließ sich Manches von Anton gefallen, was ihm kein Anderer aus dem ganzen Geschäft bieten durfte, selbst der Principal nicht. Der Principal, Herr Traugott Schröter, hatte eine Schwester, mit Vornamen Sabine, die hätte den Fink gern geheirathet. Fink dachte gar nicht daran, da er, wie gesagt, kein Bürgerlicher war, sondern ein Herr v o n. Er hatte unterdessen eine Liebschaft mit einem Judenmädchen, was wirklich schlecht von ihm war, da er sie natürlich doch nicht heirathen wollte. Anton las ihm auch gehörig die Leviten. Endlich dachten sie Alle: „Gleich und Gleich gesellt sich gern," und „was sich schickt, das paßt sich." Und so heirathete Fink die Leonore, die alte Flamme von Anton; Sabine heirathete doch zuletzt lieber den Anton, und ihr Bruder, Herr Traugott Schröter, nahm ihn als Compagnon, weil er immer mit ihm zufrieden gewesen und weil es doch am Ende besser für seine Schwester war, daß sie einen Handlungsdiener heirathete, als ganz und gar lebig zu bleiben. Und so wurde Hochzeit gemacht und Fink und Leonore, und Anton und Sabine wurden Mann und Frau, und wenn sie nicht gestorben sind, so leben sie heute noch.

Uebrigens war es ein wahres Glück für Anton, daß es so kam, und man sieht hieran wieder recht, wie die Tugend belohnt und das Laster bestraft wird. Nämlich Leonorens Vater, der Major a. D. Freiherr von Rothsattel, wollte auch mit der Zeit fortschreiten und dachte, er wollte auf seinem Gut eine Fabrik anlegen, um seine Kinder besser zu versorgen und seine Frau, die auf dem Lande versauerte, manchmal in die Stadt zu bringen. Was war die Folge? Er machte Bankerott, und wollte sich todtschießen, wurde aber bloß blind davon, und verlor noch obendrein seinen Sohn, der auch so'n abliges Bürschchen und Husarenoffizier war, in einem Scharmützel gegen die Polen. Es wäre noch Alles gut gegangen, wenn er nicht die gute Laune darüber verloren hätte. Aber Courage weg, alles weg! und so war's vorbei mit ihm.

Die Lebensbeschreibung Anton Wohlfahrt's ist also, das wird Jeder zugeben, nicht bloß lehrreich für Bürgerliche, sondern auch für Ablige, indem man daraus einmal wieder so recht die Wahrheit des Sprichworts ersieht: „Schuster, bleib bei Deinem Leisten," und „Was Deines Amtes nicht ist, da laß Deinen Fürwitz!" Denn was kommt dabei heraus, wenn ein Abliger eine Fabrik anlegen will? Nichts als Sorgen, Kummer, Blamage, Blindheit und Bettelstab. Und was wäre dabei herausgekommen, wenn Anton sich mit der abligen Clique eingelassen hätte? Die Sabine hätte er nicht gekriegt, denn zwei Frauen konnte er doch natürlich nicht heirathen, der Schröter hätte ihn gehaßt, und so könnte er jetzt mit seinem hochwohlgebornen Herrn Schwiegerpapa Hungerpfoten saugen.

Und das ist die Moral von der Geschichte.

Erstes Kapitel.

Welches dem Leser die glückliche Entbindung der Frau Wohlfahrt von einem gesunden Romanhelden ergebenst anzeigt. Dessen Jugendgeschichte und Auswanderung nach Amerika.

> "Hamlet, thou hast thy father much offended."
> (SHAKESPEARE, *Hamlet*.)

Der gerührte Leser, welcher den tugendhaften Anton an die Schwelle seines häuslichen und mercantilen Glücks, zum Besitze seiner tugendhaften Sabine und zum Eintritt als Compagnon in das tugendhafte Haus Schröter & Co. begleitet hat, wird es uns Dank wissen, wenn wir ihm einige weitere Nachrichten über den Handel und Wandel dieser tugendhaften Gewürzkrämerfamilie zukommen lassen. Wir haben dieselben aus der zuverlässigsten Quelle, nämlich aus dem Munde von Anton's eigenem Sohne, dessen Bekanntschaft von Deutschland her wir das Vergnügen hatten vor einigen Jahren hier in den Vereinigten Staaten zu erneuern.

Sabine also, welche als Haushälterin ihres leider zu bald nachher verewigten Bruders schon so interessant gewesen war, wurde als Gattin ihres schon bei Lebzeiten verewigten Anton's im regelmäßigen Zeitverlauf noch interessanter, woraus sich dann organisch das Dasein jenes eben erwähnten jüngeren Antonius Americanus entwickelte, für dessen überseeische Schicksale wir das Interesse des gesinnungsvollen Lesers (um seiner ehrenhaften Eltern willen) in Anspruch nehmen. Denn, was ihn selbst betrifft, so müssen wir es nur von vorn herein gestehen, — er war — wie das selbst in den tugendhaftesten deutschen Gewürzkrämerfamilien zuweilen vorkommt — gänzlich aus der Art geschlagen. Sei es nun, daß Anton der Aeltere der jungen Baronesse (der jetzigen Frau von Fink) doch zu tief in die Augen geguckt, oder aber, daß Sabine sich an dem Herrn von Fink versehen hatte— der Junge hatte von seinem Vater keine andere Eigenschaft geerbt, als daß er gern ein gemüthliches Glas Punsch trank. Eher schlug er nach der Mutter, von der er die schönen Augen und die Liebhaberei an feinem Tischzeug hatte, besonders wenn etwas Feines draufstand. Ferner wurde er, grad wie seine Mutter, bei starken, unterdrückten Gemüthsbewegungen ganz bleich, wie das der erschütterte Leser noch verschiedene Male Gelegenheit haben wird zu bemerken. Sonst hatte er etwas zeitwidrig Chevalereskes in seinem Wesen, und erschien, ehe ihn seine transatlantischen Lebenserfahrungen geläutert hatten, dem oberflächlichen Beobachter mehr als Fink, denn Anton. Glücklicherweise hatte die ahnungsvolle Mutter, für deren Geschmack der Name Anton denn doch, bei allen ihren häuslichen Gewohnheiten und bürgerlichen Tugenden, etwas zu starker Tabak war, darauf bestanden, ihr werdendes Ideal der Männlichkeit auf dem Wege des Compromisses Antonio zu taufen. Der Vater jedoch beharrte mit bekannter Characterfestigkeit darauf, ihn im täglichen Gebrauche Anton zu nennen.

Wenn der besorgte Leser geneigt sein sollte, die braven Eltern über die ritterliche Ausartung ihres Stammhalters zu beklagen, so mag es ihm zum Troste gereichen, daß dieselben — wenigstens anfangs — gar nicht übel damit zufrieden waren, daß ihr Söhnchen sich so zum großen Herrn anließ. Von Sabinchen gar nicht zu reden, die im Grunde genommen ihren exemplarischen Commis doch nur als pis-aller acceptirt hatte, so war es doch auch der stille Lieblingswunsch des Vaters, den Sohn einmal, wenn nicht bei der Garde, so doch an der Regierung zu sehen. Wie sich das zusammenreimt, wie ein Materialwaarenhändler aus Princip, Ueberzeugung und Zeiterfassung, wie es der alte Anton doch war, mit Bezug auf seinen Leibes- und Namenserben solchen retrograden Gelüsten nachhängen konnte, darüber wird ohne Zweifel der Herr Verfasser der „Valentine", der die Familie genauer kennt, Aufschluß zu geben wissen.

Antonio wurde also zu seiner Zeit aufs Graue Kloster nach Berlin geschickt, machte dort die beste Gesellschaft mit und bestand sein Abiturientenexamen mit Glanz. Ob er studiren sollte oder nicht, war noch eine offene Frage. Was ihn selbst betrifft, so rührte die Poesie des Kaffees und Syrups, wonach einst der Vater sich in gesetzter Begeisterung die Finger geleckt, ihn nicht. Dazu war er dem Geiste des deutschen Bürgerthums und seiner anspruchslosen Tiefe durch seine Berliner Erziehung zu sehr entfremdet worden. Nur einmal,—er war gerade auf Ferienbesuch zu Hause — als in einem Fasse, welches nicht laufen wollte, ein todtes Negerkind als Hinderniß entdeckt wurde, flammte ihm ein poetischer Hintergrund im Zusammenhange mit seines Vaters Geschäftsleben auf. Die Stimmung war jedoch zu vorübergehend, um ihn bleibend für jene Seite zu gewinnen. Auf der andern Seite ekelte ihn die Commentreiterei der preußischen Büreaukratie nicht weniger an, als die Tütendreherei der preußischen Bourgeoisie. Es ist klar, ihm blieb für seinen Geistesdrang und seine hohe Bildung nur die verzweifelte Wahl zwischen dem Privatdocenten und dem Emigranten. Er hatte schon mit dem Ersteren angefangen und sich mit Eifer auf Geschichte und Ethnologie geworfen, als die Revolution von 1848 sich ihm als Palliativ darbot, um ihn nachträglich in dem Zweiten endigen zu lassen: der Auswanderung nach Amerika.

Beim Ausbruch der Revolution war Antonio anfangs mit seinem Vater zusammengegangen. Es gab damals einen Augenblick, wo er sich als Mitglied seines angebornen Standes fühlte, ein Gefühl, in das er den ganzen Stolz seines eigenen Characters legte. Er meinte, dem Bürgerthum gehöre die Zeit und es werde sich groß aufrichten, der Zeit das Gesetz vorschreiben. Aber nirgends unter seiner Sippe fand er ein Echo für das Herrscherbewußtsein, das in ihm selbst lebte. Sein Vater ging als Politiker eben nicht weiter vor, denn wie er es als Commis mit so großem Erfolg und zu so großem Lobe gethan: Man sollte sich beim Könige lieb Kind machen, ihn durch ein exemplarisches Benehmen rühren und ihn durch fromme Miene dahin zu bewegen suchen, daß er Einen als Compagnon in die Regierung nehme. Der Sohn erwiderte, wenn es doch einmal Commis sein sollten, die regierten, so wolle er sie lieber von der Schulbank oder dem Exercierplatz als hinter dem Ladentisch weg nehmen. Darüber erzürnten sie sich und Antonio wurde Demokrat — aus keinem bessern Grunde, als weil er sah, daß seine neuen Kameraden für ihre Sache ihr Blut einsetzten. Er schlug sich bei Waghäusel, entkam durch eine abenteuerliche Flucht den blutigen Klauen der Militärgerichte in Rastatt, hielt sich erst in der Schweiz, dann in Paris auf, so lange man ihn lassen wollte, verbrachte darauf einige Jahre in London, und stieg endlich europamüde am 18. März 1857 in New York ans Land. Zehn Jahre seines Lebens waren so im Provisorium hingegangen, welches er mit seiner Niederlassung in Amerika—grausame Täuschung!—endlich geschlossen glaubte. Der einst gehegte Plan, einige Jahre zu seiner Ausbildung zu reisen, war somit zur vollsten Ausführung gelangt, und zwar, in diesem Falle sehr zum Vortheil des beabsichtigten Zweckes, da es nicht das Reisen, sondern das Leben in der Fremde ist, welches den Menschen emancipirt und reist. Ja, es sollen schon Fälle vorgekommen sein, wo Einer, der als dummer Teufel von den regierenden Herren aus Europa fortgeschickt wurde, als regierender Herr unter die dummen Teufel von Europa zurückkehrte; und manchem europäischen Muttersöhnchen wäre es gut, einmal auf zehn Jahre ohne einen Pfennig Geld in der Tasche in die Verbannung geschickt zu werden.

Antonio brachte allerdings noch ein paar Pfennige mit nach New York, deren Besitz ihm jedoch, wie sich bald zeigen wird, nicht eben förderlich war. Es waren zehntausend Dollars, die ihm der Vater als Letztes zu seiner Ausstattung in der neuen Welt überwiesen hatte. Der Alte war unwirrsch geworden und hatte in dem revolutionären Treiben jener Jahre vollständig die Balance verloren. So was war ihm denn doch selbst an der polnischen Grenze nicht vorgekommen, damals auf seiner berühmten Reise, wo er mit seinem Principal zusammen der polnischen Revolution aus Princip die drei oder vier Frachtwagen mit Grüneberger Champagner und Schwedter Kneller abgejagt hatte. Diese achtundvierziger Revolution hatte die viel bösartigere Folge, daß das Haus Schröter & Co. dabei Tausende und aber Tausende verlor, ohne sich dafür an einen polnischen Gastwirth halten zu können. Wo blieb da noch Sicherheit für das solideste Geschäft und die musterhafteste Buchführung? Und da man sich doch einmal an Jemand halten muß, so hielt er sich in Ermangelung eines polnischen Gastwirths diesmal an seinen Sohn. Es war Antonio, im Verein mit andern Verbrechern und Tollhäuslern, die das ganze Unheil angerichtet haben sollten. Diese väterliche Ansicht von der Sache las sich Antonio aus seiner Mutter Briefen heraus, in welchen sie ihm, mit Schmerz und Angst des Mutterherzens versetzt, in einem Strome von Thränen zuschwamm. Mit dem Vater correspondirte er schon seit Neunundvierzig nicht mehr.

Es war ein schöner, winterlich frischer Märzmorgen, als Antonio durch die Narrows in den weiten Hafen von New York einfuhr. Der Gruß der Kanonen rief diejenigen unter den Passagieren, die den großen Augenblick verschlafen hatten, eilig aus dem Bette. Die beiden Forts, rechts und links, lagen noch im Morgenschatten, während auf den Spitzen von Staten Island sich das Gebüsch vergoldete und hier und da an einem einzelnen hochliegenden Landhause Dach und Fenster im Frühlicht glitzerten. Aus dem Nebel links, hinter welchem sich als dunklerer schwerer Untergrund die Küste von New Jersey in einem langen Streifen hinzog, tönte das Schrillen einer Locomotive. Eine weiße, dicke Rauchwolke quoll aus dem grauen Schleier hervor. Auch auf dem Wasser zwischen den dichter und dichter gelagerten Schiffen ward es jetzt lebendig und wohnlich; man war schon in der Stadt, ob auch noch auf der Meeresfluth. Große Dreimaster lagen über die ganze Bai in Gruppen zerstreut, wie Baumgruppen in einer Winterlandschaft, mit hier und da einem griesgrämigen Steamer dazwischen, der ohne Segel und Mastenzier sich ausnahm wie ein gerupfter Hahn unter dem weißen Federvieh. Weiter im Hintergrund zog sich ein Filligränwerk von Mastbäumen und Tauen über die ganze Breite des Horizonts, Schooner, Yachts und Fischerboote kreuzten mit neckender Grazie, wie spielende Wasserinsecten, die Bahn des ankommenden Dampfers und zwischen den noch in gravitätischer Morgenruhe liegenden größern Fahrzeugen, wie Verliebte mit keck geschwungenem Segel sich auf der tanzenden Welle jagend, daß der frische, weiße Schaum hoch am Bug aufspritzte. Dazwischen puffsten Bugsierbote in Duodezformat mit Amtsmiene ihres Weges, unbekümmert um das leichtsinnige Getriebe rings umher, weder rechts noch links schauend und der geraden Linie ihrer Geschäftsstraße folgend. Antonio erinnerten sie unwillkürlich an seinen immer Treu' und Redlichkeit übenden Vater Anton, wie derselbe als junger Handlungsbeflissener stets auf der geraden Geschäftsstraße gewandelt und wie er es dadurch denn auch zu seiner gegenwärtigen hohen Stellung gebracht, als Chef des Hauses Schröter & Co. und als Gatte der Schwester seines verewigten Wohlthäters, der er noch immer in dankbarer Ergebenheit ihre Packete trug. Er unterdrückte den letzten Gedanken aus kindlicher Pietät und gab ihm nur in einem halben Seufzer für seine zum Sterben ennuyirte Mutter Luft. Er fühlte es in dem Augenblicke, ohne es sich zu sagen: sie wäre an ihrem geradlinigen Manne selbst zum Lineal geworden, wenn sie nicht die Zukunft des Sohnes mit allen ihren Hoffnungen,

Befürchtungen und Luftschlössern gehabt hätte, um Phantasie und Herz daran aufzufrischen. Mit der vollgefühlten Verantwortlichkeit für diese Mutterträume auf dem Herzen, mit zehn, rein als Lehrgeld verausgabten Jahren hinter sich und mit zehntausend Dollars in der Tasche, stieg er, mehr bang als freudig, an der Küste des neuen Landes aus, das nicht nur für ihn, sondern auch für die Welt überhaupt noch ein bloßes Experiment schien.

Zweites Kapitel.

Antonio macht die Bekanntschaft eines Dry Goods Jobbers in Barclay Street.

Leben und leben lassen.
(Deutsches Sprichwort.)

Antonio hatte unter andern Empfehlungsschreiben, von welchen im Ganzen wenig Notiz genommen wurde, eines an einen Dry Goods Jobber in Barclay Street, Namens William Dawson, der auf eine halbe oder ganze Million geschätzt wurde, je nachdem man ihn mit oder ohne Frau rechnete. Herr Dawson war ein hochgewachsener Mann mit einer kleinen Platte und langen, dünngesäeten schwarzen Haaren, die ihm rings auf die Schultern fielen. Auf seinen Wangen producirten sich zwei rothe, scharfbegrenzte Flecken, wie von eingebrannter Farbe, unabhängig von den kommenden und gehenden Regungen des Blutes; auf Mund und Augen machten Milde und Ehrlichkeit ihre Aufwartung. Seine ganze Haltung und sein gemessener Schritt waren die eines gesetzten jungen Mannes, obgleich er schon stark in die Fünfziger ging. Antonio, der Menschenkenner war, glaubte in dieser Haltung Absicht zu sehen, ohne deßhalb verstimmt zu werden; er wunderte sich aber keineswegs, daß Herr Dawson bei jungen Mädchen als „so ein netter Mann", bei Geschäftsleuten als ein so „vortrefflicher Mann", und bei der Welt im Allgemeinen als ein so wahrhaft „christlicher", d. h. religiöser Mann bekannt war und das allgemeinste Zutrauen einflößte. Es war nur eben das Merkwürdigste, daß der Ausdruck dieses Vertrauens stets accentuirt und Herrn Dawson's Name niemals ohne jene Versicherung über seinen Charakter erwähnt wurde. In seiner Gemeinde — er gehörte zur presbyterianischen „Connection" — stand er als einer der größten Patrone da und hatte verschiedene Kirchen im Westen bauen helfen.

Als Weltmann machte sich Antonio aus dem Character eines bloßen Bekannten nicht viel, und fühlte sich nicht berufen, die Münze anders als nach ihrem gesellschaftlichen Gepräge zu nehmen. Desto strenger hielt er es mit seinen Freunden. Jene Toleranz hatte freilich den Uebelstand, daß, nachdem der erste unfehlbare Eindruck sich aus Gewohnheit abgestumpft hatte, er oft durch die bloße Macht des Zusammenlebens in denselben Cirkeln und die daraus entspringende Gemeinsamkeit der Beziehungen an Menschen gekettet wurde, bei denen nichts zu holen und viel zu verlieren war.

Herr Dawson nahm Antonio's Hand zwischen seine beiden warmfeuchten und wünschte Amerika zu der Acquisition eines so gebildeten Fremden Glück. Da nun Antonio in seinem Empfehlungsbriefe als Flüchtling aufgeführt war, so hielt ihn der Handelsherr für noch ärmer, als er wirklich war und glaubte, er wolle sich durch Stundengeben das Leben fristen. Um so freigebiger war er mit seinen Beglückwünschungen für Amerika. „Das republikanische Experiment kann nur gelingen," sagte er, „wenn die Massen sich religiös und geistig dazu befähigen. Unsere Institutionen beruhen auf der Erziehung des Volkes. Jeder gebildete Fremde, der hierher kommt, sollte daher als ein Wohlthäter der Republik empfangen werden, und wird es auch, das versichere ich Sie, von allen wohlbenkenden Bürgern."

Antonio war sehr erbaut von dieser Auffassung, welche auch theoretisch ganz ernst gemeint war. Es fuhr ihm durch den Sinn, ob das nicht gerade seine Aufgabe sein möchte, an der Erziehung der Amerikaner mit zu arbeiten, und er erkundigte sich, wie es wol mit öffentlichen Vorlesungen bestellt sei. Herr Dawson erbot sich sogleich mit großer Freundlichkeit, ihm den Hörsaal füllen zu helfen. „Ich habe übermorgen Abend Gesellschaft bei mir," sagte er, „wollen Sie nicht einsprechen? Ich kann Sie da bekannt machen."

Antonio versicherte, daß er mit großem Vergnügen der Einladung folgen werde.

Während dieser Unterhaltung trat ein deutscher Freund von ihm, mit Namen Justus Wilhelmi, herein, in der That der einzige nähere Bekannte, den er überhaupt in Amerika hatte.

Wilhelmi hatte vor einigen Jahren als Commis in Deutschland angefangen, und zwar in dem großen Exportgeschäfte der Firma Johann August Schröter in Frankfurt a. M. Dieser Frankfurter Schröter war ein Bruder Schröter's des Einzigen aus Breslau, weiland Compagnon und Schwager von Anton Wohlfahrt. Und ebenso wie einst der Breslauer Schröter Antonio's Vater im Geschäft adoptirt hatte, so hatte auch wiederum der Frankfurter Schröter Justus Wilhelmi zum Compagnon angenommen. Bald nachher ging Wilhelmi nach New York, um dort auf Rechnung der Firma ein Importgeschäft zu etabliren. Er sollte dabei zur vollen Hälfte betheiligt sein, wie er es an dem Geschäfte in Deutschland zum vierten Theil war, und durfte als Chef des New Yorker Hauses stolz seinen Namen bei der Unterschrift der Firma voran stellen; also Justus Wilhelmi & Co.; während es in Frankfurt hieß, Johann August Schröter & Co.

Herr Dawson war sehr erfreut über die Entdeckung, daß Wilhelmi Antonio kannte und — das sagte er nicht laut — dessen Achtbarkeit endossiren konnte.

"How do you do? Sind Sie wohl gewesen?" fragte Herr Dawson Wilhelmi, mit wahrhafter Theilnahme die Augen zusammenkneifend und des Befragten Hand mit den seinigen zudeckend, wie eine Auster zwischen ihren beiden Schalen.

„Recht wohl, danke Ihnen; und Sie?"

„Danke recht sehr. Ganz erträglich. Finden Sie nicht, daß das Wetter merkwürdig warm für die Jahreszeit ist?"

„Es kommt mir im Gegentheil sehr kalt vor. Es ist glühend warm in der Sonne; aber der Wind ist eisig im Schatten."

„Herr Wollfahrt hat in London mit einigen der vornehmsten Staatsmänner und anderen Berühmtheiten verkehrt. Er kennt d'Israeli, Sir Edward Bulwer Lytton, Mr. Cobden, kurzum alle die „Leute". Er wird einen Cursus von Vorlesungen über europäische Politik hier geben. Sie müssen höchst interessant werden. Halten Sie nicht dafür?"

„Einen Cursus von Vorlesungen?" fragte Wilhelmi, dem man schon lange die Ungeduld ansah, „ei, das ist mir ja ganz neu! Aber entschuldigen Sie. Wollen Sie mir wol ein Wort in Geschäften gönnen?"

Antonio wollte sich entfernen.

„Bleiben Sie doch," hielt ihn Dawson zurück. „Es werden ja wol keine Geheimnisse sein."

„Wenn Sie nichts dagegen haben," erwiderte Wilhelmi; „ich meines Theils habe keinen Grund zu Geheimnissen vor meinem Freunde."

„Also?" Herr Dawson sah ihn mit der Miene unschuldigster Erwartung an.

„Also, Herr Dawson, es schmerzt mich, — es gehen Gerüchte — Gerüchte über Ihre Angelegenheiten —"

„Wirklich?" fragte der Jobber und schnalzte dreimal kopfschüttelnd mit der Zunge, als wollte er sagen: „Wie unangenehm!"

„Ja, leider! Kurzum, es ist eben Jemand bei mir gewesen — ein Makler — der mir fünfzig Procent für Ihr Papier bietet."

„Fünfzig Procent? Nicht mehr?" wiederholte der Mann kopfschüttelnd und wie vorher mit der Zunge schnalzend. „Wie unangenehm!"

„Fünfzig Procent, keinen Deut mehr!" bekräftigte Wilhelmi, fast ungehalten über die schmähliche Offerte. „Sie wissen, Herr Dawson, ich habe Noten im Betrag von neunzig Tausend Dollars von Ihnen im Safe liegen!"

„So viel?" wunderte sich der Schuldner über die Offenbarung. „Wirklich so viel?" kopfschüttelte er, schnalzte mit der Zunge und bestand so deutlich, wie es sich durch diese mimisch-akustische Combination nur thun ließ, auf seiner von Anfang an aufgestellten Ansicht, daß die Sache doch wirklich unangenehm sei.

„Herr Dawson," fuhr Antonio's Freund ernsthaft und bringlich fort, „wir sind alte Geschäftsfreunde; wir haben von meiner ersten Ankunft hier Jahr aus Jahr ein mit einander gehandelt. Ich erwarte und hoffe daher von Ihnen, daß Sie mir reinen Wein einschenken. Was rathen Sie mir, soll ich mit Ihren Papieren thun?"

Der Jobber besann sich einige Augenblicke, wobei er die Augen kopfschüttelnd zum Himmel richtete und dann wieder kopfschüttelnd schnalzte.

„Ich dachte doch nicht, daß es schon so weit wäre. Aber da es nun einmal so weit ist," fuhr er mit niedergeschlagenen Augen fort, indem er eine Hand auf Wilhelmi's Handgelenk legte, „so will ich Ihnen als altem Geschäftsfreund antworten, wie Sie mich gefragt haben, gerade und ohne Hehl: Fünfzig Procent ist eine gute Offerte."

Wilhelmi war denn doch überrascht. Aber er faßte sich sogleich, um seinem Collegen, voll Theilnahme an seinem Unglück und voll Dankes für seinen guten und ehrlichen Rath, die Hand zu drücken.

„Also wirklich?"

„Ich zweifle — merken Sie wohl, ich sage nichts mit Bestimmtheit

— aber ich zweifle, ob ich meinen Gläubigern fünfzig Procent werde bieten können. Also verkaufen Sie — aber ohne ein Geräusch davo[n] zu machen."

"Selbstverständlich. Ich danke Ihnen für Ihre Aufrichtigkeit, Freundschaft, lieber Herr Dawson. Es schmerzt mich sehr, daß Sachen so stehen. Aber Sie haben Freunde, Sie wieder aufzuri[chten] und rechnen Sie auf meine Mitwirkung dabei!"

"Ich bin Ihnen für diesen Ausdruck Ihrer freundschaftlicher fühle außerordentlich verbunden. Es ist allerdings eine schwere [Prü]fung, mein Herr."

Damit schüttelten sich die beiden Geschäftsfreunde herzli[ch zum] Abschied die Hände.

Die beiden Deutschen waren schon an der Thür, als i[hnen der] Amerikaner noch nachrief:

"Nota bene! Am Donnerstag Abend habe ich eine klei[ne Gesell]schaft. Ihr Freund hat mir schon versprochen, dabei zu sein[. Wollen] Sie nicht auch vorkommen, Herr Wilhelmi?"

Wilhelmi sagte ganz geschmeichelt zu.

Antonio hatte der ganzen Unterhaltung in schweigen[der Aufmerk]tung und Verwunderung zugehört.

"Hab' ich recht verstanden?" fragte er den Freund, [als sie vor der] Thür waren; "dieser Herr ist bankerott, und gibt an[seinem] Abend Gesellschaft? Sie verlieren an ihm fünfundv[ierzigtausend] Dollars, und statt, daß Sie Concurs über ihn sitzen, [setzen Sie] sich zur Ehre, unter den Gästen zu sein?"

"Er kann doch die Einladungen deshalb nicht ab[sagen]" Wilhelmi ganz naiv. Dann, sich besinnend, daß [Antonio'S] nicht so in amerikanische Ansichten eingelebt sein kö[nne,] fuhr er fort: „Wenn ein Mann wie Dawson fall[en muß,] Mensch von ihm, daß er deshalb seine gewohnte Leb[ensweise än]soll. Solche kleine Ausgaben kommen bei den S[ummen, um die] sich hier handelt, nicht in Betracht. Er wird thu[n, was er kann und] mehr verlangt man hier von einem Menschen nich[t. Uns al]es ist uns Allen damit gedient, daß er so leicht [als möglich und] sobald als möglich wieder unser Kunde zu werde[n vermag.]"

„Das sind doch ganz eigene Verhältnisse!"

„Ja, so spielt man in Venedig! Sie werden noch ganz andere Dinge sehen."

„Und Sie verlieren ein halbes Hunderttausend, ohne sich zu rühren, ohne etwas zu thun, und ihn zu besseren Bedingungen zu zwingen?"

„Nehmen Sie an, ich lasse mich auf die gerichtliche Schererei ein, und quäle aus dem Mann noch ein paar Tausend Dollars heraus; nehmen Sie an, alle seine Gläubiger thäten dasselbe: was gewinnen wir dabei? Wir treiben allerdings den Mann in die Enge, machen ihn Blut schwitzen und lassen ihm keinen Ausweg, als gänzlichen Ruin oder die Mittel der List und des Betruges. Wir tragen vielleicht Jeder ein paar Tausend Dollars mehr aus langem gerichtlichem Kampfe davon, höchst wahrscheinlich aber weniger; am allerwahrscheinlichsten aber überhaupt nichts; denn wenn er sich erst auf die Hinterbeine stellt, so stehen ihm tausend Mittel zu Gebot, seinen Gläubigern auszuweichen. Im ersten Falle haben wir die Genugthuung, daß wir ihm sein Pfund Fleisch ausgeschnitten haben und ihn verbluten sehen. Statt dessen verkaufe ich jetzt seine Noten für das, was sie auf dem Markte gelten. Ich habe meinen Verlust, aber ich weiß, was mir übrig bleibt, und richte mich darauf ein. Morgen steht er wieder da als einer meiner besten Kunden, und in zwei bis drei Jahren habe ich Alles und mehr als Alles aus seiner Kundschaft vergütigt, was ich heute an ihm verliere. Ist das nicht viel vernünftiger?"

„Und Keiner rauft sich die Haare dabei aus, weder er, noch Sie. Es ist doch ein großartiges Land."

„Wenigstens ist die Welt hier endlich aus dem Philisterium heraus."

Drittes Kapitel.

Der Held findet eine schöne Bettlerin am Broadway und wird Hausfreund bei einer irischen Familie in Mulberry Street.

> „War einst ein Knabe frech genung,
> War erst aus Frankreich kommen."
>
> (Goethe, Claudine von Villa Bella.)

Es war schon spät am Nachmittag, als unser Ankömmling nach verschiedenen Recognoscirungsgängen in der City, mit der großen allabendlichen Geschäftsebbe Broadway hinauffluthete. Es war einer jener Märztage, die in Amerika so liebenswürdig sind. Die Sonne hatte Einem den Tag über wie Feuer auf den Kopf gebrannt, während der kalte, trockne Wind den Staub zwischen die Augenlider, die Lippen, die Zähne, bis in alle Poren trieb. Die New Yorker Damen ließen sich jedoch durch diese Unannehmlichkeiten nicht abhalten, ihre gewöhnliche Promenade vor dem Essen zu machen, wo sie als Gegenstrom von oben dann mit dem Herrenstrom von unten vermischt, wieder zurückrollten. Die aus diesem Conflux gebildeten Strudel — von den gefährlichen Unterstrudeln, in welchen so viele Herzen ertranken, nicht zu reden — waren besonders schwierig zu überwinden an den Bauplätzen, welche in der nimmer fertigen Stadt das Trottoir versperrten, und Einen oft fünf Minuten lang aufhielten, wo der Wind den freiesten Zugang hatte, und der Baustaub, mit dem Straßenstaub vermischt, am dichtesten wirbelte.

An einer solchen Stelle, wo zwei neben einander gelegte Bretter dem Gedränge eine enge Passage über einen Kellerabgrund öffneten, hatte Antonio zu halten, um eine lange Reihe von Damen mit oder ohne Beaux vorbeipassiren zu lassen. Der Aufenthalt gab ihm Gelegenheit, die Gestalt einer Bettlerin ins Auge zu fassen, die zum kärglichen Schutze gegen den Wind hinter einer gekappten Pyramide von Bausteinen zusammengekauert saß, und sich und ihr Kleines auf dem Schooße mit ihrem dünnen Shawl, so gut es gehen wollte, bedeckte. Antonio ließ ein Fünfcentstück in ihre vorgestreckte Hand fallen, und bemerkte bei der Gelegenheit, daß die Hand schön und der Arm gerundet war. Diese Entdeckung leitete sein Auge nach dem Gesichte hin. Aber das war tief auf den Busen gesenkt, als wie in Trauer über die Schmach seiner öffentlichen Blosstellung. Doch ließ sich der zarte Umriß der, wenn auch bleichen, doch vollen Wange nicht unter der vornübergesenkten Stirne verbergen, noch auch war diese selbst so unter dem Tuche verborgen, um eine kräftige, gutgeartete, vollkommen durchgebildete Organisation des Schädels dem ethnologischen Blicke unseres Freundes zu entziehen. Er classificirte ihn sogleich als Resultat der edelsten Racenmischung — welcher? wollen wir hier unerwähnt lassen, um ihn nicht mit dem Leser in einen gelehrten Streit zu verwickeln — und nahm zunächst ein wissenschaftliches Interesse an dem ausgezeichneten Exemplar. Das starke, dunkle Lockenhaar, nach classischem Muster etwas tief in die Stirn hineingewachsen, lag in flachen Wellen, sorgsam gescheitelt, an dieser. Auch der Busen erinnerte in seiner starken Fülle an die Isisbüste, wie später, als er es sehen konnte, das ruhige, gute Gesicht, über dessen wohlthuenden Eindruck man fast seine untadelhafte Schönheit vergaß. Der Contrast zwischen der milden Wärme, die aus diesen Formen athmete, und dem kalten Elend, das fröstelnd über sie herfiel, war mitleidswürdig. Antonio's in der Wolle gefärbte Bildung war in seinem Benehmen den Frauen gegenüber niemals weiter von der Kleidung abhängig gewesen, als es die knappste Rücksicht auf gesellschaftliche Schicklichkeit verlangte. Nichts daher als die Scheu, seine ritterliche Gesinnung hier dem Publicum zum Besten zu geben, sowie die Furcht vor Mißdeutung von ihrer Seite, hielt ihn ab, sich der armen Frau zum Beschützer anzubieten. So blieb er unschlüssig gerade an der Baucke stehen, wo das Gedränge am größten und er am meisten im Wege war, ganz in die interessante Erscheinung unter dem Ziegelthurme und seine eigene Rathlosigkeit versunken. Er bemerkte weder die Stöße, noch das Lächeln der Vorübergehenden, wenn sie seinem gefesselten Auge nach dem fesselnden Gegenstande folgten. Seiner Unschlüssigkeit machte ein ziemlich unsanfter Stoß ein Ende, der ihn gerade gegen das Weib schleuderte, so daß ihr der Kopf in die Höhe flog. Zugleich ließ eine gereizte Stimme einen französischen Fluch hören:

"Sapristie! ne peut-il se mettre autre part, ce drôle-là, que dans le chemin de tout le monde?"

"*Tout* le monde?" repartirte Antonio sogleich mit der gleichgültigsten Miene zerstreuter Höflichkeit: "Pardon, monsieur, je ne vois que *demi*-monde."

Der Franzose, ein kleiner, strammer, bleicher, blitzäugiger, schwarzhaariger Stutzer, glattrasirt bis auf den Schnurrbart, fühlte sich durch den Zweifel an seiner gesellschaftlichen Unzweideutigkeit um so empfindlicher getroffen, als er eine New Yorker Vollblut-Dame — man konnte das auf den ersten Blick sehen — zur Begleitung hatte. Diese war jedoch schon etwas voraus. Um so lauter schrie der Getroffene. "Wissen Sie auch, mein Herr! daß, was Sie demi-monde zu nennen belieben, der Comte de Roussillon ist?"

Antonio wollte soeben erwidern, aber ein Blick auf seinen Gegner gab seinen Gedanken eine andere Richtung. Kaum war die letzte Silbe jenes großen feudalen Namens dem Adoptiverben desselben auf den Lippen erstorben, als diese sich weit öffneten, als wäre der Geist eines der erlauchten Ahnen ihres Inhabers in voller Rüstung aus dem Boden aufgestiegen. Eine halbe Secunde lang stierte er, der Comte, die Erscheinung an, nämlich die Bettlerin. In der nächsten halben machte er Linksumkehrt und Reißaus, nicht wie ein gebildeter Hund, welcher anfangs nur langsam und verschämt davon trabt, und, um vor der öffentlichen Meinung und dem gefürchteten Auge das Decorum zu wahren, mit dem Schwanz zwischen den Beinen erst allmälig und aus der Entfernung ins offene Durchbrennen übergeht, sondern vielmehr wie eine ungebildete Ferkelfamilie, welche plötzlich steht, jählings seitwärts springt und mit einem Ruck, ohne jede moralische Rücksicht als die des bleichen Schreckens, pleine carrière ausreißt. So riß der Comte de Roussillon jetzt aus, plötzlich, jählings, ruckweis, seiner Begleiterin nach, einer blutjungen Dame, die sich, zum Glück für ihn, um die ganze Scene nicht bekümmert hatte, und nur eben jetzt den Kopf halb umdrehte, um sich nach ihrem Chapeau umzusehen, wobei ihr ruhiges, etwas hochmüthig blickendes Auge nur eben über Antonio hinstreifte.

Dieser kurze Streifblick brachte die merkwürdige Wirkung auf unsern Ritter hervor, daß, wenn sich vorher in seine Theilnahme an der schönen Unglücklichen eine zärtliche Regung unbemerkt einzuschleichen versucht hatte, ihm jetzt plötzlich die Schamröthe, selbst auch nur über

den noch uneingeſtandenen Verdacht der Möglichkeit einer ſolchen
Regung, auf die Wangen ſtieg. Sein erſtes Gefühl war, ſeines
Weges zu gehen, und die arme Frau zu laſſen, wo er ſie gefunden
hatte. Und zwar drehte er ſich dabei, wie die Nadel nach dem Pole, nach
der Richtung jener hochmüthig blickenden Augen hin. Aber ein Reueblick
rückwärts hielt ihn wieder feſt. Das arme Weib hatte ſich hoch aufge=
richtet, wie Eine, die, aus einem ſchrecklichen Traume zurückkehrend, noch
mit ihm ums Erwachen ringt. Sie hatte einen Fuß vorangeſtellt, als
wollte ſie dem Comte nachfolgen; aber eben als Antonio ſich wieder
nach ihr umſah, fing ſie an zu wanken, wie ein Baum, der unter dem
letzten Schlage der Axt taumelnd, noch nicht weiß, auf welche Seite er
fallen ſoll. Dann ſchlug ſie rücklings mit dem Kopf gegen den Zie=
gelwall. Das Blut rann ihr von den Schläfen, und das Kind lag
ſchreiend auf der Erde. Antonio, ſie aufhebend und ſich nach Beiſtand
umſehend, ergriff den Arm einer feiſten Irländerin mit rothen Haaren,
welche eben vorüberging.

„Nehmen Sie ſich dieſes armen Weibes und ihres Kindes an,"
ſagte er mit unterdrückter Stimme, um das Aufſehen nicht noch zu
vermehren, „während ich nach einem Fuhrwerk gehe. Ich werde Ihnen
Ihre Zeit und Mühe bezahlen."

Die Irländerin griff erſt nach dem Kinde, und nahm dann dem
barmherzigen Samariter die Mutter aus den Armen. Sie wurde mit
Beiden zugleich in einer Weiſe fertig, die eine ſtarke Familienpraxis
bekundete. Aber über das Anerbieten von Bezahlung war ſie unge=
halten.

„Der allmächtige Herrgott und die Saints ſegnen Euch für die
Gutthat, die Ihr dieſer armen Frau und dem Bild von einem Baby
erweiſt," rief ſie im breiteſten iriſchen Dialect und mit ſo durchdringen=
der Stimme, daß ſich alsbald ein Zuſchauerkreis um die Scene bildete,
„aber mir ſoll Niemand nachſagen, daß Bridget O'Shea Geld dafür
genommen hat, ihm in ſeinem guten Werke beizuſtehn." Dann wandte
ſie ſich mit erneuertem Eifer der Pflege der „ſüßen creature", wie ſie
das arme Weib nannte und dem "love of a baby" zu, während
Antonio forteilte, eine Droſchke zu beſorgen.

Die Sympathie der Vorübergehenden äußerte ſich jetzt in hinge=
worfenen Kupfer= und Silberſtücken, für deren jedes ſie den Segen des

Herrn und aller heiligen Saints auf Dero Ehren herabrief. Niemand jedoch kam es in den Sinn, sich die Hände an der lumpigen Gruppe zu besudeln, bis Antonio zurückkam und die ganze Gesellschaft, sich selbst eingeschlossen, so schnell als möglich in den Wagen packte. Erst als sie Alle darin saßen, fiel ihm ein, daß man doch irgend wohin fahren müsse, und so ließ er sich von der Irländerin ihre Adresse nach Mulberry Street geben.

Diese Anerkennung ihrer gastfreundschaftlichen Bedeutung besiegelte den Freundschaftsbund zwischen der Tochter der grünen Insel und dem Sohne Hermann's und Tuisco's, hatte jedoch zunächst die üble Folge, daß sie den Kutscher immer wieder von neuem am Abfahren verhinderte, um ihm ihre Adresse, die hervorstechenden Züge, an welchen ihre Wohnung kenntlich sei, die Namen ihrer Nachbarn, um Verwechselungen vorzubeugen, die genealogischen Verwicklungen zwischen ihrer und andern Familien, und den kürzesten Weg durch das Labyrinth der Five Points vollkommen einzustudiren.

Eine Kutschenfahrt ist die große Leidenschaft des celtischen Geschlechts, unzweifelhaft vererbt mit dem Blute der Vortigern und Dutigern, der Gwallawg ap Cleenawg und Gwàn Gleddyvrubs und all' der andern „Schildwachen der Schlacht" mit unaussprechlichen Namen, welche es verschmähten, anders als zu Wagen in den Kampf mit den verderblichen Ploegrwys zu gehen.

Die Eingangsthür zu Mrs. O'Shea's Apartements öffnete sich unmittelbar neben den zerbrochenen Fenstern einer schmutzigen Schnapskneipe und zwar auf eine enge, steile Treppe, von welcher zur Begrüßung ein kleines Mädchen kopfüber von der ersten bis zur letzten Stiege herunterpolterte, wie Donner am Genfer See. Ehe der besorgte Antonio das Kind aber noch attrapiren konnte, war es schon wieder die Treppe hinauf, wobei alle seine fleischigsten Theile aus den zwei fliegenden Fetzen, an welchen mehr die Absicht als die Fähigkeit der Verhüllung zu loben war, in ungehinderter Plastik hervortraten. Antonio, der den Kopf noch voller englischer Gesundheits-Committee-Reports mitgebracht hatte, stellte im Stillen seine verwunderten Betrachtungen darüber an, wo bei solcher Atmosphäre — aus dem ganzen Hause dampfte Einem der Geruch warmer, den Winter über luftdicht preservirter Ausdünstung entgegen — und bei der voraussichtlich scrophulösen Nahrung solche, von Kraft und Gesundheit strotzenden Formen herkämen, womit die bestgenährten und gelüfteten Kinder der gesundheitsregulirtesten Stadtviertel keinen Vergleich aushalten konnten. „Zuletzt ist doch Alles Gnadenwahl!" dachte er. Andere Exemplare derselben Gattung, mit quellenden Rotznasen, standen auf der obersten Stufe wie ein Rudel Gemsen, ließen glotzend die Fremden bis auf Sprungweite herankommen und flüchteten sich dann in stummem Schrecken ins Innere des Familienlebens.

Mrs. O'Shea hielt in dieser Karavanserei ein Hinterzimmer im dritten Stock besetzt. Die aufgehängte Draperie um den Ofen und von der Decke herab bekundete ihren Erwerbszweig. Zwischen der Durchsicht zweier baumelnden Mannshemden konnte man den urantiken Kopf von Mrs. O'Shea's Mutter entdecken, in gastfreundliche Vorbereitungen zum Thee vertieft und stocktaub. Erst als die Kommende ihr ins Ohr schrie, sich doch höflich zu betragen, machte sie große Augen über die Masse Besuch, worauf sie in eine Reihe convulsivischer Begrüßungspantomimen ausbrach, unter obligater Begleitung wilder Bewillkommnungsrufe. Ein Anderer hätte es für Schlachtruf genommen, aber Antonio, der sich durch seinen Aufenthalt in London zu celtomanischen Ausflügen ins Reich irischer Alterthümer und Sprache hatte verleiten lassen, erkannte darin den Ausdruck ungeregelter Herzlichkeit und beantwortete ihn aus seinem kargen Wortvorrath in derselben Sprache. Die Alte verstand ihn allerdings erst durch spätere Verdollmetschung, aber Mrs. O'Shea, die zuerst ihren Ohren nicht trauen wollte, sah ihn jetzt mit solchem Ausdruck der Liebe und Ehrfurcht an, daß es fast rührend war.

„Und so seid Ihr denn von der "old country", sagte sie, sichtlich erfreut. "Sure an sartin, ein echter irischer Jointleman. Wie seid Ihr gewesen, diesen manchen langen Tag und wie sieht's aus in Ulster County in ould Ireland?— Armer Patrick; daß du das nicht mehr erleben konntest und ein paar Monate später sterben!— Paddy, mein hoosband," setzte sie erklärend hinzu, „ist vor acht Monaten gestorben und das schönste Leichenbegängniß hat er gehabt, das je in New York war. Verdient hat er's nicht, der spalpeen; denn er hat mich oft genug geprügelt, Gott hab' ihn selig!"

Außer den schon erwähnten gab es noch drei gegenwärtige Bewohner der Räumlichkeit, und einen abwesenden; nämlich zwei kleine Mädchen, welche sich ihrer Lebensaufgabe, durch Betteln die Naturalverpflegung für die Familie zu besorgen, augenscheinlich gewachsen zeigten, denn auf dem Theetisch gab es Krumen von den Tischen aller Nationen und aller Stände, an denen Antonio hätte sein Lieblingsstudium über Racenunterschiede verfolgen können. Als weiteres anwesendes Mitglied einer wohlgeordneten irischen Familie durfte selbstverständlich ein Baby nicht fehlen. Eine Irländerin ohne Baby im Arm, wenigstens nach ihrem zurückgelegten dritten Jahre, wäre eine abweichende Naturerscheinung, wie sich denn auch das kleinste der beiden Mädchen ein solches, welches fast so groß war wie sie selber, zum ersten Experiment in künftigen Mutterpflichten zugelegt hatte. Sie schleppte es mit Hintansetzung aller constructiven Grundsätze auf ihrem schwachen Unterbau von einer Ecke in die andere, wofür es seiner kleinen Pflegemutter zur Vergeltung in einem Anfalle celtischer Leidenschaftlichkeit mit wildem Kriegsgeschrei das Haar zerzauste, das Gesicht zerkratzte und die Nase nach oben schlug, als Vorbereitung für den Ehestand, und zugleich für den Naturforscher zur Einsicht in die Genesis der irländischen Gesichtsbildung.

Der noch abwesende Stubengenosse, der aber bald zu seinem Thee hinzukam, war ein Zeitungsjunge, welcher an guten Tagen die ungeheure Summe von drei Schillingen machte, das Ergebniß hervorstechender Befähigung in seinem Fache und frühen Unternehmungsgeistes. In Deutschland hätte das kleine verschrumpfte Geschöpf für zehn Jahre alt gelten können, hier war es wenigstens achtzehn. Er paßte oft die halbe Nacht auf das "Extra", war im Gedränge an der Zeitungs-Office immer der Erste und Zerquetschteste, warf sich den Vorübergehenden gerade in den Weg, sich in ihre Beine verwickelnd, bis sie sich mit zwei Cents losgelöst hatten, und verbreitete mit seiner kleinen Bindfadenstimme Grausen oder Entzücken in unglaubliche Gehörsfernen, indem er Heere vernichten, Städte in Flammen aufgehen, Dampfboote in die Luft sprengen, berühmte Häupter erbarmungslos ins Grab sinken und andere „schauderhafte Calamitäten" und „gräßliche Unglücksfälle" mit „immensen Successen" und „furchtbarer Begeisterung" abwechseln ließ, Alles auf eigene Rechnung und Verantwortlichkeit, trotz des New Yorker Herald.

Er erschien bald mit einer Cigarre im Munde und einer Schnaps=
flasche in der Hand, welche in der ganzen Familie herumging, und
wovon auch das Baby seinen gesetzlichen Theil bekam, wobei es sich
mit krampfhafter Energie an die Flasche klammerte und nicht wieder
loslassen wollte. Mrs. O'Shea konnte nicht umhin, mit verzeihlicher
Muttereitelkeit auf den Contrast zwischen dem vorliegenden Beweise
kindlicher Pietät und reinen Familiensinns von Seiten ihres Sohnes,
und der manenses, der Gemeinheit des älteren Paddy, ihres ver=
blichenen Ehegatten, hinzuweisen, der Alles bis aufs Bett versetzt hatte,
um die ihm nöthige Quantität Whisky anzuschaffen. Daran knüpfte
sich eine Beschreibung ihres früheren Wohlstandes in der alten Heimath,
wo sie Grund und Haus und Kühe und Ochsen besessen hätten, und
sie schloß mit einer herzlichen Verwünschung ihres „Seligen", welcher
sie um alle diese Herrlichkeiten gebracht.

„Ja," nahm Paddy, von dem phantastischen Gemälde erhitzt, den
Faden auf, „und ich pflegte auf einem Pony zu reiten, mit einem
Tressenhut und einer grünen goldgestickten Ordensschärpe über der
Schulter an jedem Tage der Woche, wie sie hier nur alle Jahre einmal
am St. Patrick's Tage thun; zur Abwechslung —"

„Pat, Du Spalpeen," unterbrach ihn die Mutter mit gerunzelten
Brauen, indem sie die heiße Theekanne drohend in der Hand schwang,
wie kannst Du vor dem Jointleman nur solche Lügen erzählen? Aber
er ist gerade wie sein Vater," setzte sie entschuldigend hinzu; „sie sind sich
gleich, wie zwei Erbsen in einem Pott."

„'s ist evangelische Wahrheit, was ich erzählt habe," murmelte der
Junge, aber so, daß ihn die Mutter nicht verstand; denn er wußte recht
wohl, daß, wenn sie die Theekanne schwang, nicht mit ihr zu spaßen war.

Antonio benutzte die Ausbeugung, um seinen Protest gegen Verab=
reichung von Whiskyrationen an Kinder und Babies einzulegen; aber
Paddy O'Shea, die jüngere der beiden Erbsen im Pott, gab den
Ansichten der ganzen Familie bewußten Ausdruck, indem er sarkastisch
fragte:

„Seid Ihr nicht etwa ein Priester? Seid Ihr's?"

Antonio stammelte eine Entschuldigung, um sich von diesem Ver=
dacht zu reinigen.

„In dem Fall," fuhr der Ragamuffin mit der Miene freundschaft=

licher Ueberlegenheit fort, „seid Ihr noch fidel grün in National-Economics, altes Roß! In was für'n altjoggyschen abgelegenen Platz habt Ihr denn Eure Erziehung genossen, daß Ihr noch nicht wißt, daß Narcostics für die ärmere Klasse der Bevölkerung Hühnerpastete und Eiscream sein? 's sein die Nerven, was nitronogenisirt wird, und da brauchen's Nichts zu essen; seht Ihr nicht? Und das ist die aufgeklärte Philosophie von der Sache, altes Roß! I guess, Ihr kommt von einem Lande, wo's keine Zeitungsjungen gibt, um der Zeit voraus zu gehen. Immer der Zeit voraus! Das ist das Wort hier, lieber Kerl, in diesem aufgeklärten Lande!"

Damit schlug er dem „lieben Kerl" ermuthigend auf den Rücken.

Der liebe Kerl überließ sich im Stillen der Betrachtung, daß er sich mit seiner Uebersiedelung nach Amerika auf ein Feld begeben habe, wo solche Bursche, wie dieser hier, seine Concurrenten seien, und, was noch viel demüthigender war, daß er mit seiner Erziehung, Tausend gegen Eins, gegen die Concurrenz solcher Philosophie, solcher Aufgeklärtheit und solchen Selbstvertrauens — gerade so viel als nöthig, um auf solchem Felde zu reüssiren — nicht aufkommen könnte.

Auf welche Art jedoch diese zahlreiche Bevölkerung in dem Einen Zimmer ihr nächtliches Unterkommen finden konnte, war ihm ein Problem. Unser Besucher hatte seinen Verdacht, die schmutzige Wäsche der Kunden müsse dazu herhalten, um die durch den Leichtsinn des verstorbenen Paddy im Bettzeug entstandene Lücke auszufüllen, wo nicht etwa auf der delabrirten Bettstelle sich Eins mit dem Andern bedeckte, mit der Großmutter als Basis und dem strampelnden Baby als Capital. Daß seine Schutzbefohlene mit ihrem Kinde nicht auch noch hier bleiben könne, war leider Mrs. O'Shea's gastfreundlichem Eifer, der, wie fast immer im umgekehrten Verhältniß zu ihren Messern und Gabeln stand, viel weniger klar, als Antonio's unparteiischem Blicke; ja er fühlte sich selbst für seine eigene Person nicht ganz sicher vor einer Einladung zum Nachtquartier. Jedenfalls bedurfte es der größten Delicatesse und vieler Diplomatie, um der großmüthigen Wirthin ein vernünftiges Arrangement abzunöthigen.

Die Fremde war schon während der Fahrt im Wagen vollständig ins Leben zurückgekehrt. Sie gehörte nicht zu der nervösen Sorte, sondern zu jenem starken Geschlechte, welches, von Natur kerngesund

und noch durch vererbte Lehre und Beispiel zur Selbstbeherrschung
erzogen, das Lebensmark der angelsächsischen Race bildet und derselben
ihre geschichtliche Größe aufgebaut hat. Es interessirte deshalb unsern
Beobachter, daß das Frauenzimmer aus Neu-England war. Kälte,
Hunger und plötzliche Gemüthserschütterung hatten sie umgeworfen;
aber wieder erwacht, kam es ihr nicht in den Sinn, sich als Gegenstand
der allgemeinen Aufmerksamkeit zu geberden. Sie erzählte ihre Lage,
was auch immer ihre Gefühle dabei sein mochten, ohne an die Theil=
nahme ihrer Zuhörer zu appelliren, die lyrische Rolle als Choragen
ihrer Wirthin und dem Sohne überlassend, mit der Alten, den Kindern
und dem Baby als Chor.

Ihre Erzählung war einfach. Wie so viele Neu-Engländerinnen,
hatte sie als Fabrikmädchen in Lowell gearbeitet, um nach einigen
Jahren mit ihren Ersparnissen nach Hause zurückzukehren. Jener
Franzose existirte damals in Lowell als Commis unter dem Namen
Grenier. Die Franzosen, woran es auch immer liegen mag, verrücken
nun einmal den Angelsächsinnen den Kopf, trotz, wo nicht etwa vielleicht
mehr gerade wegen des unversöhnlichsten inneren Gegensatzes der
Charactere und Lebensanschauungen. Grenier also verrückte Annie
den Kopf und heirathete sie zuletzt, puisqu'il ne pouvait l'avoir
autrement. Annie's Familie, wohlhabende Farmersleute aus New
Hampshire, hatte vergebens protestirt, theils aus neuengländischem
Widerwillen gegen Fremde überhaupt, theils auf ungünstige Nachrichten
über des Menschen Character. Annie kam daher in Folge dieses
Schrittes mit ihrer Familie auseinander. Wenige Tage nach der Hoch=
zeit kehrte auch der liebenswürdige, galante und zartsinnige Romane
seinen wahren Menschen, oder vielmehr sein wahres Thier heraus.

Der Franzose hatte die köstliche Blume gepflückt. Damit war das
Interesse erschöpft. Es blieb nur noch übrig, ihre Ersparnisse durch=
zubringen, was einer so geübten Hand, wie der seinigen, in kürzester
Zeit gelang. Darauf verschwand er plötzlich, wie das in der Natur
der Sache lag.

Annie fuhr fort, in der Fabrik zu arbeiten, bis sie ins Wochenbett
kam. Dann machte sie sich mit ihrem Kinde und den Ueberbleibseln
des in letzter Zeit Ersparten auf den Weg nach New York, wo eine
von ihren Lowell'schen Bekannten ihrem Theseus auf der Straße be=

gegnet sein wollte. Es wurde hinzugefügt, daß er sich in Gesellschaft einer jungen Dame befunden. Ob um ihren Ungetreuen zurückzuführen, oder um ein neues Opfer zu warnen, oder aber auch, um sich an einer Nebenbuhlerin zu rächen? — schwerlich war sie sich selbst über das Motiv ganz klar. Genug, sie ging. Drei Wintermonate lang hatte sie ihre Nachforschungen in New York betrieben, aber auf falscher Fährte. Sie suchte ihren Mann noch immer als Commis und forschte seiner Spur in dem unteren Theile der City nach, besonders unter den Commissionshäusern und Brokers, die mit Lowell in Verbindung stehen. Der Commis Grenier war indessen zum Comte de Roussillon avancirt, und hielt sich als solcher auf seinen Promenaden, wenigstens so lange der Tag dauerte, nördlich von Canal Street. Abend auf Abend kehrte sie müde und entmuthigt von ihren Wanderungen in ihr ärmliches Logis zurück, während ihr Erspartes mehr und mehr zusammenschmolz. Leider verstand sie nur Fabrikarbeit. Sie wollte sich mit der Nadel forthelfen, aber, außerdem, daß die unsichere Hoffnung entnervend auf die Fortschritte der Hand wirkte, war sie auch zu wenig geschickt und zu langsam für die ungewohnte Arbeit. Zuletzt wurde sie wegen rückständiger Miethe auf die Straße gestoßen. Es war der erste Tag, wo sie mit ausgestreckter Hand an die Mildthätigkeit der Vorübergehenden appellirte, der erste, an dem sie ihren Mann nicht mehr suchte. Da fand sie ihn.

Antonio war von der natürlichen Vornehmheit, dem gemessenen Anstand in dem ganzen Wesen der Unglücklichen vielleicht noch mehr als von ihrer Schönheit eingenommen, daß er ihr ohne Bedenken ein Logis in seinem Hotel angeboten hätte, wäre es nur nicht aus Schicklichkeitsgründen so ganz unmöglich gewesen. Ueberhaupt blieb unter den Umständen nichts übrig, als sie für's Erste unter der Obhut des einzigen weiblichen Protectorats zu lassen, das im Bereich war. Es fand sich, daß noch ein Zimmer in der irischen Herberge leer stand, das Vorderzimmer gerade neben Mrs. O'Shea's. Es wurde sogleich dem Eigenthümer, dem Wirthe der Schnapskneipe unten, abgemiethet und vorausbezahlt. Antonio versprach noch selbigen Abends für Möbel zu sorgen, und ließ seiner irländischen Freundin einige Banknoten für den Bedarf seiner Protegirten zurück. Dem jungen Paddy gab er einen Dollar, um ihm die ritterliche Gesinnung zu Gunsten seiner Stubennachbarin anzufrischen. Alles dies wurde in dem leerstehenden Zimmer abgemacht, um allen etwaigen Bedenklichkeiten von Seiten der Letztern zuvorzukommen. Antonio fügte aus freien Stücken gegen seine Vertraute die Versicherung hinzu, daß er durchaus keine andern Absichten hege, als die arme Frau zur Rückkehr nach Lowell oder nach Hause zu bereden, sobald sie sich nur einigermaßen erholt habe. Da die Irländer Einem immer nach dem Munde glauben, — die liebenswürdige Schwäche einer lebhaften Einbildungskraft — so war kein Zweifel, daß die Versicherung seiner Uneigennützigkeit für den Augenblick vollen Glauben fanden.

Eine Stunde nach seinem Abgang erschien ein Wagen vor dem Hause, der einen Teppich brachte, und an Mrs. O'Shea adressirt war. Mrs. O'Shea war hingerissen von dem schönen „Ingrain", obgleich sie selbst sich jedenfalls lebhaftere Farben gewählt hätte. Jack O'Dogherty, ihr Courmacher vom Leichenbegängnisse her, eine irländische Physiognomie von der bösartigen Sorte, stand gerade an der Schnapsladenthür, als der Teppich ankam, und nichts war natürlicher, als daß Mrs. O'Shea ihn engagirte, den Teppich zu legen. Darauf kamen Möbel und Betten, Alles vom einfachsten Material, aber mit Antonio'schen Geschmack ausgesucht. Nichts war vergessen, auch die Fenstervorhänge, auch der offene, zum Kaminfeuer eingerichtete Ofen, auch eine Kiste harter, nebst einer Kiste weicher, flammengebender Kohlen nicht. Es hätte dem Geber wohlgethan, wenn er hätte das behagliche, fast elegante Zimmer sehen können, mit den zugezogenen, dunkeln Vorhängen und dem flackernden Feuer. Endlich folgte auch noch ein Badeapparat, und ein Koffer mit Wäsche, Kattunkleidern, einem warmen Mantel und Kinderzeug.

Das arme Weib hatte ihre sehr ernstlichen Bedenken, von allen diesen Herrlichkeiten Besitz zu nehmen. Aber Mrs. O'Shea wiederholte ihr Antonio's vertrauliche Versicherungen über seine Absichten und Ansichten, und diese erleichterten den Schritt, gegen den es nun doch einmal keinen Ausweg gab, als höchstens den eines Nachtquartiers auf der Polizeistation, unter solchem Gesindel, wie die Phantasie einer so anständig gewöhnten Frau es sich nur zum Entsetzen malen konnte. Zuerst ließ sie sich vom Anblick des Bades — ein längst gefühltes Bedürfniß für sie und das Kind — verführen. Wie sie sich einmal gebabet hatten, war es unmöglich, der reinen Wäsche zu widerstehen. Dann folgten die Kattunkleider aus Nothwendigkeit, dann der Sitz am Feuer und die Besitznahme der Wiege für das Kind von selbst. Der Teufel hätte den Plan nicht besser legen können, als Antonio in seiner Unschuld that. Die Muster, die er erwählt hatte, waren Wunder von Geschmack, und in einem solchen Falle steht einem gutgewachsenen Frauenzimmer nichts so hinreißend, weil so sittig, als ein Kattunkleid. Annie war gut gewachsen bis an die Grenzen der Ueppigkeit.

Uebrigens war es kein Wunder, daß Jack O'Dogherty neugierig war, wie solcher Glanz in Mrs. O'Shea's Hütte kam, noch auch, daß Mrs. O'Shea Jack O'Dogherty den Sachverhalt auf ihre eigene sagenbildende Weise erzählte; noch auch, daß Jack O'Dogherty skeptische Blicke von den Möbeln auf das schöne Frauenzimmer und von dem schönen Frauenzimmer auf die Möbel warf; noch auch, daß seine Blicke vom Skeptischen ins Unheimliche übergingen, als sie auf die Banknoten in Mrs. O'Shea's Hand fielen; noch auch, daß er mit einer so reichen Frau, wie Mrs. O'Shea jetzt war, über den Preis für seine Mühe ausfiel; noch auch, daß sie über dieses Ausfallen ausfallend wurden und es zu einer Schlägerei zwischen Bridget O'Shea und Jack O'Dogherty kam, wobei sämmtliche O'Sheas als active Parteien und die sämmtliche Hausgenossenschaft aus allen Stockwerken, nebst der ganzen umliegenden Nachbarschaft als stille Partner mitwirkten. Die unmittelbare Folge davon war — abgesehen von Bridget's blauem Auge und Jack's Messerstich in die Wade, den ihm das Baby beigebracht hatte, — daß die Polizei die beiden Haupt-Acteurs für den nächsten Morgen am Polizeigericht engagirte, um den letzten Act ihres Stückes dort vor dem Richter zu Ende zu spielen, und ferner, daß die ganze Nachbarschaft über die Ankunft der schönen jungen Dame, die feenhafte Ausstattung ihres Logis und die romantischen Beziehungen zwischen ihr und dem irischen Lord — welchen Character man dem geheimnißvollen Fremden beigelegt hatte — in fieberhafter Aufregung war.

Antonio setzte sich im Brevoort House erst spät und nachdenklich zu seinem Thee nieder. Nach der Hitze der Action und dem Reize der Beschäftigung, für seine schöne Schutzbefohlene die Ausstattung zu besorgen, kamen ihm jetzt die Bedenken über das Unüberlegte seines

Verfahrens. Von den ersten 5 Cents, die er der Bettlerin hingeworfen, hatte sich freilich jeder weitere Schritt mit fast unvermeidlicher Logik von selbst gemacht. Dennoch war er in seinem Gewissen etwas beunruhigt. Es wäre sowol seinen Verhältnissen, wie der moralischen Stellung der jungen Frau besser gedient gewesen, wenn er sich in seiner Wohlthätigkeit auf das nackt Nothwendige beschränkt hätte. Aber welch' großmüthiges Herz kann dem Rausche der Gelegenheit zu einer großmüthigen Handlung widerstehen? Es kam ja nur darauf an, sich auf eine geziemende Art aus der Schwierigkeit der Lage wieder herauszuziehen.

Viertes Kapitel.
Eine Abendgesellschaft in der Fünften Avenue.

Die Scene vor Dawson's Hause, oder Hotel, wie man es in Europa genannt haben würde, am Donnerstag Abend war brillant. Es war ein mit braunem Sandstein ausgelegtes Ziegelhaus, eine Combination, deren solide Eleganz mit den massiven Proportionen der Fenster und Thüren und der breiten Flügeltreppe im besten Einklang stand. In der klaren, mondhellen Nacht beherrschte das Auge die weiteste Perspective der schönen, breiten Straße der Paläste, auf beiden Seiten bis in nebelhafte Ferne mit flammenden Gassternen punctirt. Die Equipagen, glitzernd in dem doppelten Lichte, in welches sie, wie im Uebermuth der Festlichkeit, noch ihre eigenen Doppelsterne aus den silberblanken Laternen spielen ließen, glitten, üppig in ihren Federn schwebend, mit leichtem Gerassel auf der ebenen Straße dahin, entluden sich an der Auffahrt ihrer lustigen, duftigen Bürde feenhafter Wesen, die zu zweien und dreien heraus huschten, die Treppe hinaufschwebten und im Nu in dem schnell sich öffnenden Lichtmeer verschwunden waren — und verschwanden dann selbst, wie sie gekommen waren, um in schneller Folge andern Platz zu machen. Die Phantasie war auf ein Zauberfest vorbereitet, und der Eintritt durch die wie von selbst geheimnißvoll sich öffnende Thür in die Vorhalle enttäuschte die Erwartung nicht. Der Glanz von hundert Lichtern spiegelte sich in dem grünen Marmor einer doppelten Säulenreihe mit vergoldeten Capitälern, in der buntgewürfelten, reichvergoldeten Decke, dem braunen Tennessee Marmor der glänzend polirten Wandtafel. Ein Schwarzer — wie im arabischen Märchen — führte den Gast in ein offenes Vorzimmer links, zunächst dem Eingange, wo ein halbes Dutzend Herren ihre Röcke und Hüte in sichere Winkel oder unter schon besetzte Stühle packten, oder sich vor einem großen Spiegel die parfümirten Haare strichen, die Füße an einem großen offenen Feuer wärmten, oder die Handschuhe anquälten. Darauf legten sie die letzte Hand an ihre Toilette auf dem Wege nach oben, in der Halle, wo sich schon vorübergehende Gespräche anknüpften oder vorläufige Begrüßungen stattfanden. Andere sahen sich wartend nach ihren zurückgebliebenen Gefährten um oder stiegen die breite Treppenflucht hinter einer Partie Damen herauf, die nach dem zweiten Stock in die Garderobe eilten. Je höher man die Treppe hinaufstieg, desto geschäftiger tönte das Gesumme — wie von einem Schwarm Bienen — aus den weiten Räumen, die schon alle mit Gästen gefüllt waren, welche sich, in Gruppen zusammenstehend oder die Damen musternd, ihre Bemerkungen über die Festlichkeit und andre nahe liegende Verhältnisse austauschten. Die Damen boten ein reizendes Durcheinander von bauschiger Seide, duftiger Gaze, blühenden Kränzen und gefiederten Fächern, blitzenden Juwelen und durchsichtigen Spitzen, weißen Nacken und strahlenden Augen, so märchenhaft fern, ätherisch, überirdisch, daß man sich in eine andre Welt versetzt glaubte.

Mrs. Dawson, die ihrem Manne diesen Palast zugebracht hatte, und aus einer Millionärs-Familie war, hatte ganz die gebrechliche Vornehmheit einer Marquise aus dem Faubourg St. Germain; ein Gemisch von Liebenswürdigkeit, Exclusivität, Frivolität, Hoheit, Blasirtheit, Lebenslust — wie sie die Gewohnheit, für die große Welt zu leben, einer von Natur feinen und hingebenden Organisation aufprägt, und wie sie Antonio eher überall, als unter den Emporkömmlingen der New Yorker Handelswelt in der Fünften Avenue gesucht hätte. Aber die Amerikaner leben schnell. Schon die Parvenu-Generation selbst nimmt oft erstaunlich rasch die aristokratischen Manieren an; in der zweiten Generation sind sie vollendet; mit der dritten stellt sich schon nicht selten der manierirte Halblödsinn einer verfallenen Noblesse ein.

Wilhelmi machte den Cicerone.

„Wer ist der Klapperdürre da mit dem frechen Straßenbubengesicht?"

„Fünfmalhunderttausend Thaler werth. Fing damit an, seinen Nachbarn die Katzen wegzufangen und die Felle zu verkaufen. Wurde ein großer Kürschner, um den großen deutschen Kürschnergesellen hier zu zeigen, daß die Yankees einem Pelzthier ebenso gut das Fell über die Ohren ziehen können wie jedem andern. Er überholt noch einmal den alten Astor, wenn es so fortgeht."

„Wer ist dieser Stille, Bleiche, Gedankentiefe, mit den blitzenden, argwöhnischen Augen? Er hat etwas von einem katholischen Geistlichen."

„O, der ist berühmt. Der hat seine Million unter den Indianern gemacht. Unter anderm verkaufte er ihnen einmal das Stück Nähnadeln zu einem Dollar, weil der Nadelmacher gestorben sei und es demnächst keine mehr geben würde."

„Die Geschichte ist gut erfunden."

„Ich versichere Sie, evangelische Wahrheit, um als Yankee zu sprechen. Aber sehen Sie den da mit der würdevollen Haltung, der hohen Stirn, dem weißen Backenbart, dem festen Mund und festen Auge?"

„Wenn es kein englischer Gentleman ist, so ist es sicherlich ein Bostoner."

„Darin haben Sie's recht getroffen. Er ist von neuengländischem Blute."

„Das verleugnet sich nicht. Wol ein Winthrop oder ein Quincy, oder —"

„Sie sehen überall Geschichte. Sein Vater war, mit Respect zu melden, Cloakenfeger in Boston."

Antonio biß sich in die Lippen. „Zufall! Es handelt sich darum, was Er ist; jedenfalls ein Mann von gebietendem Geiste, von großem, umfassendem Blick —"

„Sagen Sie vielmehr von tiefem Blick," fiel Wilhelmi sarkastisch ein. Antonio horchte piquirt.

„Er ging in die Tiefe; er setzte das Geschäft seines Vaters fort."

„Sie haben den Verstand verloren! Ein — ein Mann, der ein solches Geschäft treibt, in dieser Gesellschaft, unter lauter Millionären?"

„Allerdings hat er es seit zwei Jahren aufgegeben, um sich courfähig zu machen."

„Das Geschäft muß einträglich sein." Antonio glaubte etwas sehr Ironisches gesagt zu haben.

„Das ist es auch, lieber Wohlfahrt. Er hat seine Million einzig und allein in dem Einen Geschäft gemacht, und damit wenigstens gezeigt, daß er ein wahrer Geschäftsmann ist. Wer Großes will, muß sich beschränken können."

„Aber wie ist das möglich?"

„Das ist denn doch sehr einfach. New York ist eine ungeheure Stadt. Er hat jahrelang den Contract von der Stadt gehabt und es aus seinen Employees heraus geschunden, die er aufs Niedrigste herunterschraubte. So wird man Millionär. En gros oder en detail, das macht den ganzen Unterschied."

„Wer ist das himmlische Frauenzimmer, dem der schmutzige Kerl so familiär die Hand schüttelt?"

„Himmlisch! Diesmal kann ich nicht umhin, mit Ihnen zu schwärmen. Jeder findet sie himmlisch. Sie ist die geistreichste, liebenswürdigste, beste und schönste Person, die ich jemals gekannt habe, und ich würde mich in sie verlieben, wenn ich den Muth hätte, nach einem so erhabenen Preise die Hand auszustrecken."

„Warum nicht?"

„Warum nicht? Weil der Alte mit dem unaussprechlichen Geschäft sie schon für sich in Anspruch genommen hat."

"And mammon winds his way, where seraphs must despair!" citirte Antonio.

„So spielt man in Venedig!" tröstete Wilhelmi mit seiner Lieblingsphrase.

Die beiden Freunde folgten dem Paare mit den Augen, wie es durch den Saal und an den Wänden entlang von Ecke zu Ecke ging.

„Was suchen die denn?" fragte Antonio.

„Vielleicht die Abzugsröhre," sagte Wilhelmi cynisch.

„Ist sie nicht reizend?" fragte Mrs. Dawson in ihrer gleichgültigen und doch so weichen Weise. Ihr schweifendes Auge hatte das Interesse bemerkt, welches die beiden fremdesten ihrer Gäste an der Erscheinung von Miß Brabbury nahmen, und sie eilte herbei, um sie vorzustellen.

„Ich habe die Ehre, Miß Brabbury zu kennen," sagte Wilhelmi, wie es Antonio schien, mit einiger Zurückhaltung.

„Dann stelle ich Ihren Freund vor. Kommen Sie, Herr — Herr Wollfred. Spreche ich Ihren Namen recht aus?"

„Das bleibt sich gleich. Ich höre ihn am liebsten, wie Sie ihn aussprechen, Ma'am."

„Ich hätte nicht geglaubt, daß die Deutschen solche Complimentenmacher wären. — Miß Brabbury, ich muß Sie mit Mr. Wollfred bekannt machen. Mr. Wollfred kommt von England und kennt also die großen Geister, für die Sie nur von weitem schwärmen, wie seine

Handschuhe: Dickens, Thackeray, Bulwer, Tennyson und die ganze Gesellschaft. Aber nehmen Sie sich vor ihm in Acht. Er ist ein gefährlicher Mensch. — Ein höchst distinguirter Preuße!" flüsterte sie hörbar genug dem Fräulein ins Ohr.

Miß Bradbury sah ihren Vorgestellten prüfend, aber lächelnd an, und schien eine Gefahr zu lieben, welche in der Gestalt eines so „höchst distinguirten Preußen," und obendrein mit so schönen Augen, an sie hervortrat. Diese hatte, wie der geneigte Leser sich noch erinnern wird, Antonio von seiner Mutter geerbt. Er mußte der Schönen Persönliches von englischen Celebritäten berichten.

Hinter ihm standen Wilhelmi und Mr. Sewerage. Er konnte ihr Gespräch mit halbem Ohr verfolgen.

„Eine splendide Bewirthung!" bemerkte Sewerage, als Kenner.

„Sehr! Ein vollständiger Succeß!" bejahte Wilhelmi, der in der gesellschaftlichen Phraseologie dieser Breite vollkommen zu Hause schien.

„Der arme Dawson! Ich fürchte, es wird die letzte Gesellschaft sein, die er in diesem Hause gibt."

„Was wollen Sie damit sagen?" rief Wilhelmi ganz überrascht.

„Also Sie wissen noch nicht — Sie sollten doch am ersten wissen — als Importer —"

„Ich weiß wol, daß Herr Dawson Schwierigkeiten hat, aber daß man ihm das Haus über dem Kopf verkaufen will, das —"

„Was ich Ihnen da sage, bleibt unter uns. Das Haus ist mir selbst heute Morgen angeboten worden. Das heißt, mein Agent, dem ich den Auftrag gegeben habe, mir ein Haus in der Fünften Avenue zu suchen, hat mir von einem gesprochen, welches nach allen zutreffenden Zeichen kein anderes sein kann."

„Also darum die Inspectionstour?" dachte Wilhelmi. „Aber ich dachte, es gehöre seiner Frau?" fragte er laut.

„Sie wissen," sagte Sewerage, „Dawson ist ein religiöser Mann. Er will an seinen Gläubigern „das rechte Ding" thun. Aber ich denke, es ist nicht zu rechtfertigen, daß er es auf Kosten seiner Frau thut. Diese religiösen Leute sind zuweilen verdammte Narren."

„Ich halte auch dafür, daß es die Gewissenhaftigkeit zu weit getrieben heißt.

„Er hat kein Recht, sage ich Ihnen, ihr Haus zu verkaufen. Es ist nicht zu rechtfertigen."

„Sie sind also auf die Offerte nicht eingegangen?"

„O, das ist eine andere Sache. Das ist meines Amts nicht, wenn er sich zum Narren machen will. Wenn wir uns über die Bedingungen einigen können, so greife ich zu. 's ist eine sehr wünschenswerthe Acquisition."

Herr Dawson war unterdeß spät — von wichtigen Geschäften zurückgehalten, wie es schien, — in den Saal getreten und hatte von Gruppe zu Gruppe die Hände abgeschüttelt in seiner herzlichen Weise, d. h. indem er die dargebotene Hand stets auf einige Zeit mit einem väterlich sorgsamen Blick zwischen seinen beiden hielt. Es schien Antonio, als werfe er mehrere Male aus seinen theilnehmend zusammengekniffenen Augen recognoscirende Blicke nach Wilhelmi's Seite hinüber. Endlich kam er hin, wo sie waren, nachdem Sewerage schon andere Unterhaltung gefunden hatte. Nach den gewöhnlichen Begrüßungs-Ceremonien nahm der Wirth Wilhelmi vertraulich mit seinen beiden feuchtwarmen Häuden bei Seite. Es war, wie Antonio später erfuhr, um ihn zu fragen, ob er nicht einen Bekannten wüßte, der ihm seine Equipage ablaufen wollte. Alles unter dem Siegel der Verschwiegenheit.

Miß Brabbury war für eine Dame, die den Ruf hatte, geistreich zu sein, außerordentlich angenehm und practisch in ihren Ansichten. Der einzige Fehler, den sie hatte, war ihre Bewunderung alles Europäischen als Geistreichigkeit und ihre Verachtung alles Amerikanischen als barbarisch. Sie hatte sich in Paris bei Louis Napoleon und in St. James bei der Königin vorstellen lassen. Das waren die Glanzperioden ihres noch erträglich jugendlichen Daseins, wie Goethe's Reise nach Italien.

„Was für ein galanter Ehemann Herr Dawson ist," sagte sie. „Haben Sie wol die Brillanten seiner Frau bemerkt?"

„Sie sind prächtig," sagte Antonio.

„Eben aus Paris angekommen," erwiderte sie.

„Ist's möglich!" rief er mit einem Erstaunen, das sie nicht verstand.

Antonio ließ sich von seiner Begleiterin durch die Zimmer führen, um die verschiedenen Kunstwerke zu bewundern, deren Vorzüge und

Marktpreise sie ihm mit einem gewissen Schönheitsenthusiasmus und zugleich mit einer Genauigkeit herzählte, als hätte sie dieselben für eine Auction abzuschätzen gehabt. Hatte sie selbst practische Absichten auf diese Schätze? Unter den bewunderten Gegenständen waren nackte Statuen hervorragend. Der Amerikaner ist gelehrig und macht Alles mit, was zur Cultur gehört. Trotz ihres verdienten Rufes der Prüderie in moralischen wie religiösen Aeußerlichkeiten, kann man dennoch wiederum den Nachkommen der Puritaner in England und Amerika viel mehr in dieser Beziehung bieten, als entweder Deutschen oder Franzosen unter gewissen Bedingungen; nämlich: wenn man ihnen einen religiösen Vorwand, oder, was vielleicht noch besser ist, eine Autorität, einen Erfolg, eine Mode dafür beibringen kann. In Ermangelung aber irgend solcher Deckung braucht man meist nur die Sache durch eine nüchterne Miene als zur unverfänglichen Prosa des Lebens gehörig zu legitimiren. Antonio konnte daher nur die Erfindungsgabe bewundern, welche für jede neue Blosstellung des Fleisches das Feigenblatt einer plausibeln Situation erfand. Da gab es eine Iphigenie, welche eben in Aulis geopfert werden sollte. Leute, welche einem solchen crassen Aberglauben huldigten und vor solcher Atrocität nicht zurückschreckten, um ein bischen Wind zu bekommen, würden sich natürlich auch nicht geniren, das arme Opfer bis aufs Hemde auszuziehen. Ein Reverend Dr. Ellis war ganz darin vertieft, diese christlich-sittliche Erläuterung einem Kreise von jüngeren und älteren Damen vorzutragen. Der Iphigenie gegenüber am andern Ende des Saales stand eine Griechische Sclavin. Dieses kaum reife Schulmädchen legitimirte ihren Character als Sclavin durch eine von Handgelenk zu Handgelenk hängende Kette, welche jedoch nicht schwer auf ihr lasten mußte; da sie auch ohne dieselbe die Arme und Hände nicht hätte natürlicher und ungenirter hängen lassen können. Daß sie nicht nur eine Sclavin, sondern auch eine griechische Sclavin war, ging aus einem Gedicht hervor, welches ein enthusiastischer Kunstgönner in grauen Haaren, ebenfalls ein Reverend und berühmter Vorleser über die Kunst, so eben einer Gruppe von Künstlern und Magazinmitarbeitern vorlas, und worin sich eine warme Theilnahme an dem Unglück eines so hübschen und noch so jungen weißen Mädchens, als Sclavin verkauft zu werden, ausbrückte. Wie in dem vorigen Falle die Nacktheit durch ein religiöses, so war sie in diesem durch ein gemüthliches Motiv gerechtfertigt, unbeschadet des aus der unvermeidlichen Ideenverbindung zwischen Griechenland und nackten Frauenzimmern hergeleiteten allgemeinen Griechen=Rechtes, ohne Rock und Reifen zu gehen.

Bedenklicher stand es mit einem andern Falle. In einem, wie es schien, besonders dazu eingerichteten und beleuchteten Seitenzimmer mit dunkelgrün ausgeschlagenen Wänden präsentirte sich eine „Weiße Sclavin" von den jugendlich saftigsten, voll ausgewachsenen, angelsächsischen Formen. Hier also hatte man es mit einer Tochter gebildeter Stände zu thun, welche, wenn man dem beigegebenen Erklärungszettel trauen durfte, sich deshalb in einem so ungewöhnlichen Costüm producirte, damit die indianischen Wilden, denen sie in die Hände gefallen war, ihr die Arme desto bequemer an einen Pfahl binden könnten. Trotz dieses guten Grundes machte sich eine starke Opposition gegen die „Ziemlichkeit" dieser Toilette geltend. Man fühlte, daß die antiken Formen etwas Kälteres, Entfernteres hatten, welches die Schamhaftigkeit der heutigen Welt nicht so direct berührte, während die Bloßstellung moderner weiblicher Reize geradezu in das Heiligthum der eigenen Häuslichkeit einzugreifen schien.

Der volle Anblick dieser lebenswarmen Formen war so blendend, daß Antonio unwillkürlich den Kopf wegwandte. Aber seine Begleiterin, die wol als Modell zu einem ähnlichen Bilde hätte dienen können, nahm kaltblütig eine Pappenröhre von einem Sessel und musterte das Sujet mit kritischer Ruhe in allen seinen Einzelnheiten durchs Perspectiv. Ein Kreis von Herren und Damen umstanden die Statue und thaten Alle dasselbe. Antonio, den das Stillschweigen in dieser Situation genirte, machte einige nüchterne Bemerkungen in obigem oppositionellem Sinne gegen seine Begleiterin. Ein junger Künstler nahm den Handschuh auf und bekämpfte mit dem radicalen Dünkel eines eben aus dem Collegium entsprungenen deutschen Studenten der Philosophie den puritanischen Fanatismus gegen das Naturcostüm, welchem er eine Lobrede auf die Schönheit des menschlichen Leibes, als das Meisterwerk des Allmächtigen, entgegensetzte.

Das Pfaffenthum der schönen Menschlichkeit, woran sich Antonio zu Hause schon so den Magen übergessen, hatte offenbar hier auch seine blühende Schule. Tout comme chez nous! nur in der Form etwas abweichend.

„Gott machte dem Menschen den Leib," rief der junge Aufgeklärte triumphirend; „der Schneider hat ihm den Rock gemacht. Wählet, Ihr Frommen, zwischen beiden!"

Antonio fragte: „Wenn Sie so glücklich wären, diese weiße Sclavin aus den Händen ihrer Peiniger zu befreien, was würden Sie zuerst thun?"

„Ihr meinen grauen Shawl leihen," erwiederte der Maler, der übrigens ein guter Kamerad war, mit einem offenen Lachen.

„Damit gestehen Sie zu, daß die Situation bei den Haaren herbeigezogen ist und unser modernes Gewissen beleidigt."

„Unser modernes Gewissen ist falsch erzogen."

„Dann wäre es unsere ganze moderne Bildung, was ich nicht zugebe. Eine Welt, welche von dem Baume der Erkenntniß gegessen hat, kann man nur mit Gewalt ins Paradies des Naiven zurückmaßregeln. Es wird immer eine Anquälerei bleiben."

„Also wollen Sie mit Ihrer Vandalenkeule die ganze antike Kunstwelt in Stücke schlagen?"

„Bei den Alten war die Ignorirung des Schamgefühls naiv; bei uns ist sie cynisch, weil bewußt."

Hiermit war unser Landsmann, nach guter deutscher Weise, ins Dociren verfallen, und der umstehende Kreis bildete sich zum Auditorium. Je weniger dieses im Stande war, seinem sich immer abstracter verdichtenden Ideengange zu folgen, desto williger wurde es, dessen Tiefe zu bewundern. Der Ruf des „höchst distinguirten Preußen" als „größten Kenner und Denker in Amerika, vielleicht in der ganzen Welt," war von dem Augenblick an gemacht. Der Reverend Dr. Ellis schüttelte ihm die Hand und erklärte, er habe nie eine so umfassende und zugleich wahrhaft christliche Auseinandersetzung der Weltgeschichte gehört. Der ehrwürdige Vorleser in den langen Haaren versicherte, er habe nie solch ausgezeichnetes Englisch gehört, außer von Kossuth. „Der," sagte er, „schien mir eine inspirirte Creatur. Sie müssen eine öffentliche Vorlesung über den Gegenstand geben." Diese Idee wurde sogleich von dem anderen Reverend, dem Maler und Fräulein Brabbury aufgegriffen, und Alle schüttelten ihm die Hände. Man ging aus dem Zimmer aus und ein, wie im Empfangszimmer des Weißen Hauses. Die Soiree war gelungen. Es hatte sich ein neuer Löwe gefunden.

Als endlich eine Pause eintrat und Antonio noch in Bewunderung des wirklich schönen Kunstwerkes versunken war, warf eine klangreiche, aber noch sehr jugendliche Mädchenstimme seine ganze sorgsam ausgearbeitete Kritik mit den Worten über den Haufen:

„Es ist ungefähr das nackendste Frauenzimmer, was mir noch vorgekommen ist."

Die eben eingetretene Todtenstille gab dieser Privatmittheilung eine Oeffentlichkeit, wofür sie nicht bestimmt gewesen war. Die Wirkung war schlagend. Alle brachen in lautes Gelächter aus.

„Das macht alle Ihre Kritik zu Schanden!" rief der Maler, der am herzlichsten lachte.

„Das trifft den Nagel auf den Kopf!" lachte Miß Brabbury.

Antonio sah sich um. Es war dieselbe sehr junge Dame, der er vorgestern in Gesellschaft des Comte de Roussillon auf dem Broadway begegnet war. Sie blickte mit denselben ruhigen, etwas hochmüthigen Augen, die er schon an ihr kannte, im Kreise umher, als wunderte sie sich, was es denn zu lachen gäbe? Dann ebbte der allerleiseste Anflug von Erröthen von ihrer etwas bräunlichen Wange zurück, unmittelbar gefolgt von einem ebenso flüchtigen Zug allerhöchster Ungnade auf ihren fast kindlichen Lippen. Dann stand sie da wie eine geborne Prinzessin und schaute ins Leere, als ginge sie die ganze Sache nichts an.

Der Begleiter, gegen welchen sie jene so effectvolle Aeußerung gethan hatte, war kein Anderer als Monsieur de Roussillon selbst. Antonio bemerkte ihn erst nachträglich.

„Oh, Miß Dawson!" rief Miß Brabbury dem jungen Mädchen entgegen, „warum sind Sie nicht hier gewesen? Sie haben viel versäumt, daß Sie meinen Freund hier nicht eine halbe Stunde früher kennen gelernt haben. Miß Dawson — Herr Wohlfahrt aus Preußen; Herr Comte de Roussillon aus Frankreich — Herr Wohlfahrt aus Preußen. — Ein höchst distinguirter Preuße." — bekräftigte sie Miß Dawson ins Ohr.

Antonio und Miß Dawson maßen sich einen Augenblick mit feindlichen Blicken.

„Warum denn eine halbe Stunde früher?" fragte die Angeredete. „Hält er nicht so lange frisch?" fügte sie mit lauter Affectation von Heimlichkeit hinzu.

Miß Bradbury lächelte über die Malice. „Herr Wohlfahrt," gab sie zur Erklärung, „hat so eben eine höchst interessante, höchst lehrreiche und höchst tiefe Parallele über die Grundprincipien der antiken und modernen Kunst zum Besten gegeben, und — was Ihnen schmeichelhaft sein wird — er stimmt ganz mit Ihrem so eben abgegebenen Urtheil über die „Weiße Sclavin" überein."

Miß Dawson erröthete noch einmal leicht, aber man merkte es dem kalten Ton ihrer Stimme nicht an, als sie erwiederte:

„Mehr als schmeichelhaft! Denn ich bin wirklich nichts weniger als gelehrt. Ja, ich bin niemals im Stande gewesen, nur den Unterschied zwischen einem Preußen, einem German und einem Dutchman zu begreifen. Wollen Sie mich nicht darüber aufklären, Herr — ?"

Die junge Dame nahm bei den letzten Worten eine so schulmädchenhaft lernbegierige Miene an, daß er in die Falle ging und ihr mit Lehrerherablassung die gewünschte Aufklärung gab.

„Wie unentwirrbar tief doch alles Deutsche ist!" rief sie; "dear me! es macht mir Kopfschmerzen. Ich habe kein Wort davon verstanden. — Haben Sie's?" Die Frage war an den Comte gerichtet.

„Nix ein Wort!" sagte dieser, aber ganz aufrichtig. „Die Teutschen sind der Volk der Denker par excellence; aber sie nix haben die clarté transparente von die Exposition, welche unter allen Völkern ist propre den Français."

Diese Worte wurden zwar in schauderhaftem Englisch, aber sonst ohne alle böse Absicht mit der gewöhnlichen arroganten Wichtigkeit vorgebracht, womit die Franzosen die stehenden Redensarten der Cultur in Umlauf zu setzen pflegen. Allein Antonio war jetzt durch die offenbare Perfidie von Miß Dawson's lernbegierigen Fragen aufgebracht.

„Da haben Sie Recht, Monsieur," sagte er kalt; „die Franzosen denken nicht."

„Denken nix? Ick nix sagen, nix das."

„Und Miß Dawson sagt, das Denken macht ihr Kopfschmerzen," fuhr Jener fort, ohne sich unterbrechen zu lassen — „das paßt ja ausgezeichnet."

Die junge Dame blieb vor Ueberraschung über diese Grobheit sprachlos.

„Und dann ist noch der Unterschied," fuhr der Franzose mit gleicher Kaltblütigkeit, aber diesmal auf Französisch, fort, „daß wir die Gewohnheit der Gesellschaft haben, welche man nicht bei den Bettlern auf der Straße findet."

„Man muß nicht zu sehr nach dem Schein urtheilen," sagte Antonio, innerlich empört über diese freche Anspielung auf ihre erste Begegnung, aber mit äußerlichem Gleichmuth; „unter dem Kleide der Bettlerin schlägt oft ein gräfliches Herz."

Dies konnte ein armseliger Gemeinplatz sein, aber der Comte, dem das Gewissen den Verstand schärfte, begriff auf einmal, daß der Preuße mehr von der Bettlerin erfahren hatte, als man beim bloßen Almosengeben auf der Straße erfährt. Er warf Antonio einen Blick des Mißtrauens, der Furcht und des Hasses zu, wie ein falscher westmoreländischer Schäferhund, der sich auf der Absicht, Einen in die Waden zu beißen, ertappt sieht. Miß Dawson bemerkte diesen Blick und sah befremdet von dem Einen auf den Andern.

Die erste Begegnung zwischen einem Manne und einem Weibe, wenn sich die Parteien ebenbürtig fühlen, ist immer mehr oder weniger ein geheimer Kampf um die Oberherrschaft. Wer die erste Schwäche zeigt, hat die Partie gewöhnlich auf immer verloren. Es ist das große Geheimniß der Unwiderstehlichkeit der Franzosen, dem schönen Geschlecht gegenüber, daß sie von unerschütterlicher Arroganz sind. Wenn aber Mary Dawson, eben aus der Pension entlassen, an dem arroganten Grafen ihren Meister gefunden zu haben schien, so hatte der Comte diesmal den seinigen offenbar an dem „höchst distinguirten Preußen" gefunden.

Mary fand sich in die Niederlage verwickelt und rebellirte dagegen. Die Dame war auf einen Augenblick über dem Weibe vergessen.

„Ich hasse die Preußen!" machte sie sich energisch Luft.

"I like an honest hater!" „Ich liebe einen ehrlichen Hasser," citirte Antonio spöttisch zur Antwort.

Eine Bewegung unter den Gästen verkündete jetzt den sehnlich erwarteten Augenblick, wo der Eßsaal sich öffnete. Mrs. Dawson hatte sich in die Nähe des „distinguirten Preußen" gespielt. Es war ent=

schieden, daß ihm die Löwenkrone des Abends, welche der französische Graf während der ganzen Winterſaiſon getragen, aufgeſetzt werden ſollte. Schon wies ihm Herr Dawſon die Dame vom Hauſe zu, um ihr den Arm zu geben und mit ihr die Proceſſion zum Souper zu eröffnen, als der Graf ihm dieſes Ehrenamt, das er als ſein Erbamt zu verwalten gewohnt war, vor der Naſe wegſchnappte. Die Wirthin nahm dieſe Tappigkeit mit guter Miene hin. Wenn der Graf ein Rad in dem Eßſaal geſchlagen hätte, ſo blieb ſeine Stellung als permanente Autorität in Sachen der guten Lebensart doch unerſchüttert. Dafür war er Franzoſe.

Antonio offerirte Miß Dawſon den Arm, aber ſie that, als ſähe ſie es nicht.

Miß Brabbury wurde von ihrem Sewerage entführt — und ſo ließ ſich Antonio allein von dem Gedränge dem erſehnten Ziele zuſchieben, als ihm Juſtus unter den Arm griff.

„Sie machen Furore! Alles iſt voll von Ihnen."

„O ja! Ich habe mich ſchon in mein Schickſal gefunden."

„So ſpielen Sie doch nicht den Blaſirten!"

„Laſſen wir das; ich kenne die Sache von England her. Mich intereſſirt etwas Anderes. Juſtus, in welchem Verhältniß ſteht dieſer Comte Rouſſillon zu Miß Dawſon?"

„Da fragen Sie mich zu viel. Schütteln Sie mir doch den Arm nicht ſo, es iſt ja nicht meine Schuld! Aber hier kommt der junge Dawſon, der Bruder des Fräuleins. Der kann uns gewiß Auskunft geben. Herr Dawſon, erlauben Sie mir, daß ich Sie mit meinem Freunde Wohlfahrt bekannt mache."

Herr Aug. Dawſon jr. hatte mit der characteriſtiſchen Nonchalance des New Yorker „Swell" auch die Gewohnheit angenommen, ſeine Worte, wie ſeine Ideen, wenn überhaupt von ſolchen die Rede ſein konnte, in gräulicher Unform, gleichſam nur halbfertig von ſich zu geben, eine Eigenſchaft, welche jedoch mit ſeinem übrigen Aeußern ſo ziemlich harmonirte.

"How do, Wollfad?" erwiederte er auf Antonio's höfliche Begrüßung; „Was halten von New York Geſellſchaft? Einige verdammt nette Mädels, was? Kennen ſchon meine Schweſter Mary? Sehenswerth, was?"

Alles stürzt sich jetzt mit dem Fanatismus einer ausgehungerten Schiffsmannschaft auf die Erfrischungen. Die Herren rissen sich mit drei bis vier Negern in weißen Glacéhandschuhen um Teller und Bestecke, um ihren Damen Eis, Gebäck, Austern in sämmtlichen Gestalten, Hühnersalat, Pasteten, kaltes Geflügel, Zunge, Eingemachtes, Früchte in unglaublicher Varietät zu serviren und daneben selbst in unglaublicher Eile hinunter zu schlucken. Eine Zeitlang hörte man nichts als Tellergerassel und Löffelgeklapper in dem dichten Gedränge der Umstehenden, die sich vor Müdigkeit und erschöpfender Hitze essend an die Wände lehnten und nur eine enge Passage für die quetschende und stoßende Menge der fouragirenden Herren ließen. Allmälig aber wurde die Unterhaltung — vor Tische gewissermaßen nur pflichtmäßig fortgesponnen — ganz lebhaft. Man fing an, sich einigermaßen restaurirt zu fühlen, schwatzte, lachte, rief sich gelegentlich aus der Entfernung zu und trank ein Glas Wein mit seiner schönen Nachbarin. Die Geschichte des Abends hatte auf diesen Blüthepunkt hingearbeitet, der leider so kurz wie schön war.

Augustus Dawson forderte seine beiden deutschen Gäste gebräuchlichermaßen auf, ein Glas Wein mit ihm zu trinken, zog aber Antonio, der sich aus dem nächststehenden Decanter einschenken wollte, geheimnißvoll bei Seite und in ein Nebenzimmer. Hier standen auf einem Tische Flaschen und Gläser bei halber Beleuchtung.

„Trüben für den Allgemeinen, hier für Kenner!" erläuterte er, indem er seinen Gästen einschenkte. „Caviar für den Allgemeinen!" Hm, ahem! Shakespeare!"

Beide zeigten durch beifälliges Nicken, daß sie die Citation zu schätzen wußten. Er schenkte ihnen aus einer alten Flasche ein.

„Schmecken das! Alter Port. Natürlich selbst importirt vor Aeonen; gar nicht mehr im Markt. Verdammt guter Stoff!"

Es war in der That nicht die dunkle Schuhschmiere, welche der Heroismus der gegenwärtigen Generation aus spartanischem Point d'Honneur als Port hinunter schluckt, sondern eine durchsichtige, viel hellere Flüssigkeit, die Einem beim ersten Tropfen die feurige Wärme durch alle Adern tanzen ließ.

„Was für 'ne Art Kamerad ist der Graf Roussillon, Dawson?" fragte Wilhelmi, wie absichtslos.

„Sehr alte Familie, alt wie die Berge. Billigt gegenwärtige Regierung von Frankreich nicht, hat aber Bedingungen seiner Rückkehr offerirt. Louis Napoleon froh, alten Adel zu attachiren."

„Hat er Vermögen?"

„Haufen Geld. Will Sie bekannt machen. Nach der Gesellschaft gehn nach Broadway—kleines Spiel."

„Ah, wirklich? Ich bin leider nicht versehen. Haben Sie Geld bei sich, Wohlfahrt?"

„Nein, aber ich möchte gern die Sache einmal mit ansehen. Was spielen Sie da?"

„Pharo, Rouge et Noir, Roulette, alles Mögliche. Nichts auf sich wegen Geld. Graf pumpt! Bin ihm Ballen Geld schuldig!"

„Dem Grafen? Hält er Bank?"

„Zuweilen, aus Gefälligkeit, wenn Beauford gebrochen ist."

„Beauford? Wer ist Beauford?"

„Beauford? Sehr guter Kerl. Gibt Credit, wenn Vater kruftig wird und mütterliche Institution keine Feldsteine schießen kann. Alte Lady 'n Trumpf! Muß man ihr lassen, 'n wahrer Trumpf! Aber nicht immer Feldstein in Banken. Und Mary — Mary in 'ner deplorablen Condition!"

„In 'ner deplorablen Condition?" fragte Antonio etwas lebhaft.

"Why, yes! Legt ihr ganzes Zinn auf den Grafen aus."

„Was? Sie gibt doch dem Grafen kein Geld?"

„Nicht grade; aber investirt all ihr Courant in Moden und Pferde, um mit Grafen die Promenade zu fegen und auszureiten. — Sich noch erst gestern auf indischen Shawls ausgestreckt!"

„Also Fräulein Dawson bewundert den Grafen?"

„Ob? Graf Mode. Ungeheure Concurrenz! Und Mary gewinnt, kein Zweifel. Schlägt die Flora Temple."

Es wurde unter den drei Herren ausgemacht, daß sie nach der Gesellschaft ins Spielhaus gehen wollten. Unterdessen machten sich Antonio und Wilhelmi von dem Gedränge los, um sich in das Zimmer der Weißen Sclavin zurückzuziehen, das jetzt vereinsamt stand.

„Sie werden sich über mein Interesse an diesem Grafen wundern," begann Antonio etwas verlegen.

„Keineswegs," lächelte Justus.

„Sie mißverstehen mich," erwiderte Jener auf das Lächeln. „Ich muß Ihnen zur Erklärung ein Abenteuer erzählen, welches mir vorgestern auf dem Broadway begegnete."

„Ein ganz verzweifeltes Abenteuer!" rief Wilhelmi, nachdem er die Geschichte gehört.

„Und jetzt hat er sich hier in der Familie eingenistet, offenbar um den Sohn auszuplündern, und das junge Mädchen —"

„Armes Kind!"

„Kind? Sie ist nichts weniger als Kind."

„Aber ich bitte Sie, sie ist etwa sechszehn bis siebzehn Jahre alt, zum ersten Male „aus" diese Saison."

„Kinder gibt es überhaupt in Amerika nicht, wie es scheint. Sie könnte eine englische Herzogin aus der Fassung bringen."

„Dann muß sie doch sehr dumm sein, sich von einem solchen Burschen bethören zu lassen."

„Dumm? Hören Sie denn nicht, der Graf ist Mode, alles Französische ist hier Mode, es ist eine ungeheure Concurrenz unter den Damen, die sich um ihn reißen. Sie ist ein Opfer ihrer amerikanischen Erziehung und ihres Schulmädchen-Ehrgeizes!"

„Erhitzen Sie sich nur nicht, ich gebe Ihnen ja schon Alles zu. Sie ist ein unschuldiges Schulmädchen, welches französische Romane —"

„Sie haben aber doch auch nicht den geringsten psychologischen Blick, Justus, bei all Ihrem kaufmännischen Verstande. Sie ist ein unschuldiges Schulmädchen in gewissem Sinn, aber das bezeichnet durchaus den Angelpunkt der Lage nicht, sie ist—"

„Sie ist also ein schuldiges Schulmädchen —"

„Diese Späße sind alle recht schön, aber sehen Sie denn nicht ein, daß wir amerikanische Menschen —"

„Junge Mädchen," corrigirte Wilhelmi.

„Amerikanische junge Mädchen, meinetwegen, nicht nach unserer europäischen Schablone beurtheilen dürfen? Es steckt in diesem Kinde —"

„Also jetzt ist sie doch wieder ein bloßes Kind."

„Ein Kind den Jahren nach, und vielleicht mehr Kind im Herzen, als es uns, denen eine so frühreife geistige und gesellschaftliche Fornenfestigkeit etwas Neues ist, begreiflich scheint. Das ist die gefährliche Lage einem gewandten Bösewicht gegenüber.."

„—einem gemeinen Vagabunden —"

„Stille! stille! da sind Sie wieder im Irrthum, der Graf ist ein achtunggebietender Bösewicht. Er ist bloß lächerlich, wenn er Englisch spricht; in seiner eigenen Sprache muß man alle Achtung vor seinem consequent niederträchtigen Character haben."

„Ich weiß von Alters her, Sie haben die Gabe, den Menschen auf den ersten Blick zu durchschauen. Und was halten Sie von Dawson?"

„Wenn Dawson Sie diesmal nicht betrügt, so ist es ein Zufall."

„Pst! pst!"

„Aber das interessirt mich jetzt weniger."

„Mich, ich gestehe es, viel mehr als der Roman zwischen dem Franzosen und der jungen Dame."

„Ist es Ihnen möglich, einer solchen Schändlichkeit ruhig zuzusehen?"

„Lieber Freund, ich sehe wirklich nicht ein, was wir damit zu thun haben. Und, zugegeben, man möchte eine Niederträchtigkeit vorfinden, wie wollen Sie es anfangen? Wollen Sie bei den Eltern den Angeber spielen, oder dem Mädchen anonyme Warnungsbriefe schreiben?"

„Es ist gewiß eine fatale Aufgabe. Gehen wir fürs Erste einmal ins Spielhaus, um den Grafen da zu beobachten. Das Weitere wird sich finden."

Die Gesellschaft war schon in vollem Aufbruch. Nach der Abfütterung war der Zweck des Abends erfüllt, und man wechselte nur noch einige Worte pro forma. Augustus nahm seine beiden Gäste mit sich fort. Der Graf wurde im Gespräch mit Mrs. und Miß Dawson zurückgelassen.

„Weiß der Graf," fragte Wilhelm, „wo wir hingehen?"

„Ja wol. Der Graf kommt nach."

Fünftes Kapitel.

Der Held geräth in ein Spielhaus, kommt aber glücklicherweise noch mit dem Leben davon.

Das Haus, vor welchem die drei jungen Gentlemen Halt machten, ließ sich durch die eigenthümliche, einladend mysteriöse Beleuchtung des Einganges auf den ersten Blick als ein Rendezvous unerlaubter Freuden erkennen. Das Geheimniß war offenbar ein durchsichtiges, aber die Polizei ist in der demokratischen Gemeinde tolerant. Allerdings mußte man gut eingeführt werden, und es gab für besondere Fälle besondere Entschlüpfungs= und Vertheidigungsanstalten. Die Gesellschaft hatte für Solche, welche nicht daran gewöhnt waren, etwas ziemlich Unheimliches. An dem Büffet, wo jede Art starken Getränkes umsonst zu haben war, stand eine Gruppe von Herren, deren prächtige Muskelentwickelung einen anatomischen Professor in Entzücken versetzt hätte, die jedoch mit dem Revolver nicht weniger schnell zu hanthieren wußten, als mit ihren sehnigen Armen und eisenharten Fäusten. In der Mitte dieser „Herren vom Sport" stand ein verhältnißmäßig weniger colossaler, aber außerordentlich wohlproportionirter Dandy von offenem Gesichtsausdruck, der offenbar dieselbe Rolle spielte, die Antonio eine halbe Stunde vorher in der Fünften Avenue gespielt, nämlich die eines Löwen. Es war ein berühmter Preisboxer, das Haupt der „Geschundenen Ratzen", die mit den „Scheußlichen Braunen" in Fehde standen, wie Capuletti und Montecchi vor Alters. Der Grund der Fehde war, wie der Ursprung dieser Parteinamen, in der Dämmerung der Geschichte verloren und dem Gebiete des Mythus verfallen; aber dieselbe erfüllte nichtsdestoweniger ihren Zweck, eine wöchentliche Straßen= oder Wirthshausschlacht und zwei bis drei jährliche Todtschläge zu motiviren. Uebrigens waren diese „Bruisers" (Beulenkeiler) aufs Feinste angezogen, Alle bis auf den Schnurrbart rasirt, und in einigen Exemplaren ganz einnehmend, mit den Manieren europäischer Chevaliers. Andere hatten gemeine irische Züge, und hie und da war ein gewöhnliches Gaunergesicht darunter. Der „Champion" reichte mit einem herablassenden: "How do, Gustus?" dem jungen Dawson nachlässig die Hand und ließ sich dessen beide Begleiter vorstellen. Man schenkte ihnen weiter keine Aufmerksamkeit. Die Herren waren eben in einer wichtigen politischen Discussion begriffen, indem es sich darum handelte, ob die „Geschundenen Ratzen" einem gewissen berühmten Politiker ihre Unterstützung noch ferner angedeihen lassen oder ihn über Bord werfen sollten. Was unsere Freunde dabei frappirte, war das souveraine Selbstbewußtsein dieser Bande, welche die Politik der Stadt, des Staates und damit der Vereinigten Staaten von dem Gewicht ihrer Muskeln in .... Hall, dem großen Versammlungsort der Partei, abhängig wußten und hier beim Glase Brandy Geschichte machten. Dazwischen wurden Wetten für und gegen Flora Temple gemacht, die damals das berühmte Preispferd war. Einige spielten auch Würfel oder Ecarté an kleinen Tischen. Der eigentliche Spielsaal aber war daneben, wo um einen grünen Tisch von mäßiger Länge eine Gesellschaft von jungen „Bloods" versammelt war, reichen Erben in der vollen Blüthe der letzten Mode, welche der Ehrgeiz hierher geführt hatte, sich von einer Anzahl „Phantasiemenschen" in der Kunst unterrichten zu lassen, ihr Geld wie englische Lords zu verbringen. Die drei Gefährten nahmen an diesem Tische Platz. Beanford hielt Bank. Er war ein junger Mensch von bleicher Farbe, edler Gesichtsbildung, dunkeln, blitzenden Augen und sehr würdevollem Benehmen, ein Gentleman von Kopf bis zu Fuß, nur daß er einen wahren Juwelenladen an der Brust und auf den Fingern zur Schau trug. Die beiden Ankömmlinge passirten als neue Opfer eine verstohlene Musterung. Sie hatten beschlossen, einen kleinen Einsatz zu machen, um keinen Verdacht zu erregen, gefaßt darauf, dem gewöhnlichen Spielmanöver zufolge erst zu gewinnen und nachher zu verlieren. Wenn sie Alles nebst ihrem Einsatz verloren hätten, wollten sie aufhören. Gesagt, gethan. Sie gewannen und setzten mäßig weiter, um das Spiel bis nach der Ankunft des Grafen zu verlängern, der über eine Stunde auf sich warten ließ, und bei seiner Ankunft ihnen gerade gegenüber Platz nahm. Der junge Dawson, wie die meisten der Stammgäste, gewann dagegen nicht so systematisch, sondern in plötzlichen Stößen. Zwei von der Gesellschaft waren nach der ersten Stunde schon vollständig hors du combat, und verließen das Schlachtfeld mit zerstörten Zügen. Merk-

würdigerweise aber gewann Augustus von dem Augenblick an, daß der Graf eingetreten war, fast bei jedem Satze und erklärte mit einem Seufzer der Erleichterung, daß jetzt „die Glücksperiode" endlich einge=
treten sei.

Wilhelmi dagegen fing bald an zu verlieren. Als ihm das zwei=
mal passirt war, strich er kaltblütig ungefähr sechshundert Dollars ein, die er gewonnen hatte. Antonio dagegen setzte jetzt mit Augustus um die Wette, verwegener und verwegener. Der Spielerrausch fing an, sich seiner zu bemächtigen. Er saß mit erhitzten Wangen und glühen=
den Augen, ohne mehr zu wissen, was um ihn vorging. Wie voraus=
zusehen war, wendete sich das Glück im rechten Augenblick für den Bankier. Mit dem wachsenden Verlust wuchs die Aufregung. In zwei weitern Sätzen war sein ganzer Gewinnst, der sich schon einmal auf nahe an zweitausend Dollars belaufen hatte, verspielt. Dann kam als schäbiger Nachsatz eine Zwanzigdollars=Bill aus seiner Tasche; dann ersuchte er Wilhelmi um ein Darlehn, das dieser ihm rund ab=
schlug. Er wollte sich an Dawson wenden, der war aber eben im Paroxismus des Verlierens. Unwillig gegen Wilhelmi, stand er auf. Der Graf that in demselben Augenblick dasselbe, kam um den Tisch herum und sprach leise mit Dawson.

„Mit dem größten Vergnügen, natürlich," sagte dieser abwesend, während sein Geist ganz bei seiner Karte war, auf die er ein „Verspre=
chen zu zahlen" von Gott weiß, welchem Belange setzte.

Der Graf bot darauf Antonio mit der größten Höflichkeit sein Taschenbuch an, da Herr Dawson für ihn gut sage.

Unser Freund war, wie gesagt, im Spielerrausch, der, wie jeder Rausch, die Gedanken ohne Bewachung sich selbst überläßt. Sein stehender Gedanke aber war, daß der Graf mit dem Bankier unter einer Decke betrüge. Er stieß daher das angebotene Darlehen mit einer ver=
ächtlichen Handbewegung zurück.

„Das ist denn doch die Effronterie weit getrieben," rief er auf Französisch, „mit solchem Gelde noch den Großmüthigen zu spielen."

„Mit was für Geld, Herr?" schrie der Franzose, bleich vor Wuth. „Erklären Sie sich. Ich fordere eine Erklärung."

Das Spiel hörte plötzlich auf. Alle sahen auf den Platz, woher der zornige Lärmen kam. Einige standen auf.

„Sie sind verrückt!" raunte Wilhelmi Antonio auf Deutsch zu, „hier Scandal anzufangen. Wir sind hier unter Spitzbuben!"

„Eine Erklärung?" fragte Antonio, der jetzt seine gewöhnliche kalte Selbstbeherrschung wieder gewonnen hatte. „Ich kenne Sie, Herr Grenier, wie meine Tasche. Ist Ihnen das Erklärung genug?"

„Dann sollen Sie auch meine Tasche selbst kennen lernen," rief der Franzose, der auf die Anrede als Herr Grenier vorbereitet zu sein schien, und drückte einen Taschenrevolver auf Antonio ab.

Dieser, der immer ein ausgezeichneter Schläger gewesen war, hatte vom ersten Augenblick des Wortwechsels an das Auge seines Gegners aus alter Fechtboden-Praxis fixirt gehalten. Er schlug daher demselben die Pistole aus der Hand, wie er sie eben abdrückte. Die Kugel ging in den Kronleuchter und zerschmetterte einige Glasgloben, die in klirrenden Scherben heruntersprangen.

Jetzt war der Aufruhr allgemein. Alles sprang auf die Beine, Messer und Revolver wurden gezogen, im Nu waren die beiden Deutschen umringt. Wilhelmi suchte begütigend zu erklären. Antonio stand mit untergeschlagenen Armen, bleich, aber mit lächelndem Hohn auf der Lippe, und blickte auf den heranschäumenden Aufruhr, gerade wie die Klippe im tosenden Meere blicken würde, wenn sie dem Gefühl ihrer Unerschütterlichkeit Seele geben könnte.

„Wollsard, habt Unrecht, zurücknehmen! Verdammter Unsinn!" rief Augustus.

„Zurücknehmen!" fiel der ganze Chor zugleich ein.

„Was soll ich zurücknehmen?" fragte Antonio in unveränderter Stellung. „Ich habe gesagt, sein Name sei Gr...."

Hier ging wieder eine Pistole los, diesmal ihm durchs Ohrläppchen, und zugleich ein wüthendes Nachegeschrei von vielen Seiten.

„Das ist nicht billig! Es ist nicht gentlemännisch! Zurücknehmen! Hinausschmeißen! Niederschießen!"

Es war gegen den gesellschaftlichen Anstand in diesem Cirkel, Einen an einen seiner früheren Namen oder überwundene Lebensverhältnisse zu erinnern.

„Ums Himmels willen! Seien Sie doch vernünftig, Wohlfahrt!" rief Wilhelmi.

„Ich will den Schurken entlarven. Die Gelegenheit ist günstig."

Schüsse flogen in allen Richtungen.

Unter diesem Lärmen brachen sich zwei gewaltige Arme und eine ruhige Stimme Bahn.

„Betragen Sie sich, Gentlemen!" sagte der Preisboxer. Alle gehorchten. Die Ruhe war im Augenblick wieder hergestellt.

An seiner Seite stand Beauford.

„Mein Herr," redete er Antonio mit strenger Würde an; „haben Sie die Güte, sich wegzubegeben."

„Das ist das Beste, was Sie thun können," sagte der Preisboxer drohend.

Es blieb nichts Anderes übrig. Die Lage war beschämend. Sich vor diesen Menschen zu entschuldigen, schien noch beschämender. Eine Erklärung über den wahren Namen des Grafen hätte nur den Scandal erneuert, da sich voraussichtlich der größere Theil der Gesellschaft in derselben pseudonymen Lage befand.

Antonio mußte also blamirt abziehen; Wilhelmi ging natürlich mit. Dawson, der erst unschlüssig war, wurde von Beauford, der den beiden Deutschen die Schultern nachzuckte, als wären es recht bedauernswerthe Subjecte, zurückgehalten.

Sechstes Kapitel.

Ein nächtlicher Mordanfall, wie sie in New York zuweilen vorkommen.

Es war gegen zwei Uhr Morgens, als die herausgeworfenen Freunde mit einem Gefühle der Erleichterung wieder auf die Straße traten. Antonio antwortete auf alle Vorwürfe Wilhelmi's: „Als falschen Spieler kann ich ihn nicht entlarven, ins Haus kann ich ihm nicht laufen, als Angeber kann ich ihn nicht verfolgen, was blieb mir übrig, als die erste Gelegenheit zum Scandal mit ihm aufzugreifen, an dem einzigen Orte, wo ich es vor mir selbst verantworten kann, mich über die Etikette hinwegzusetzen?"

„Das ist jedenfalls sehr rücksichtsvoll gegen mich. Es ging uns ans Leben. Und was haben Sie zuletzt damit erreicht? Wahrhaftig, sehen Sie hier ein Loch im Aermel! Das nenn' ich mit genauer Noth davon kommen."

„Ich will Ihnen sagen, was ich damit erreicht habe. Ich gehe morgen früh zu Dawson und entschuldige mich, daß ich ihm bei seiner Gaunerbande so wenig Ehre eingelegt habe. Dabei bringe ich meinen Senf an."

„Sie sind ja ganz voller Blut."

„Es ist vom Ohr, ich muß einen Schuß hier haben." Sie pochten einen Apotheker heraus und Antonio ließ sich das Ohr waschen und verpflastern.

An der Ecke von Broadway und Clinton Place wollten sie sich trennen.

„Es ist mir mehrmals vorgekommen, als ob uns Einer folgte," sagte Wilhelmi, sich umsehend.

„Mir auch. Aber man sieht nichts."

„Soll ich Sie nicht lieber nach Ihrem Hotel hinunter begleiten?"

„Unsinn! d. h. wenn Sie bei mir schlafen wollen, werden Sie mir angenehm sein."

„Danke! Ich schlafe nicht gern aus dem Hause; man fängt den nächsten Tag wüst an."

„Also gute Nacht!"

Sie trennten sich. Ungefähr nach dem ersten Viertel des langen Blocks zwischen Broadway und University Place hörte Antonio schnelle und unsichere Schritte hinter sich, die ihm, er wußte nicht warum, verdächtig vorkamen. Er drehte sich kurz um. Diesmal sah er deutlich, wie Jemand hinter einen Baum sprang — etwa noch zwanzig Schritte hinter ihm. Er verließ also das enge Trottoir und ging in die Mitte der Straße, seine Schritte beschleunigend. Sein Verfolger — daß er es war, konnte nicht länger zweifelhaft sein — verließ ebenfalls das Trottoir und ging noch rascher. Sie waren jetzt nahe an der Ecke von Green Street dicht aufeinander. Antonio, obgleich ohne irgend welche Waffe, konnte es nicht über sich bringen, zu laufen. Er drehte sich kurz um. Der Mensch kam direct mit einem im Mondschein blinkenden Messer auf ihn zu.

"Express! Fünfte Ausgabe! Steamer von Europa! Kriegsgerüchte! Schrecklicher Mord in Bond Street! Große Feuersbrunst! Express!" schrie ein Zeitungsbube, der von Green Street hervorgesprungen kam und zwischen die beiden Männer schoß, sich mit seiner Waare wie ein Kreisel von dem Einen zum Andern drehend.

Der Verfolger fuhr beim ersten Ton der schrillen Stimme zurück und blieb eine Armeslänge von seinem auserfehenen Opfer wie festgewurzelt stehen.

"Why! seid Ihr's, Jack O'Dogherty?" rief der kleine Paddy O'Shea im Tone aufrichtigster Verwunderung. "Sure, ich hoffe, Ihr seid hier nicht auf'm Lerchenstrich um zwei Uhr des Nachts, geradenwegs nach Green Street. 's ist 'ne Gentlemens Street, Paddy Jack; nehmt Rath von mir an und sucht Euch Euer Wild auf der andern Seite von Broadway."

„Mein Wild liegt gerade diesen Weg," sagte der Irländer tückisch frech, „und Ihr, Paddy, nehmt Euch in Acht, Ihr gottverdammter Hallunke, ich mach' Euch noch dieser Tage den Garaus."

„Oho, Jack!" rief der kleine Teufel höhnend und um ihn herumtanzend, als wollte er ihn boxen. „Oho, Jack, kommt her! Bort drauf los, wenn Ihr's Herz habt! Ich wette Euch meinen Express gegen das Loch, das Euch das Baby in die Wade gefochten hat, altes Roß. — Hallo, was ist das? Fehl geschossen! Hahaha! Hihihi! Das ist jetzt meins."

Der Irländer hatte in der Wuth sein Bowiemesser nach dem Jungen geschleudert, den er trotz aller Anstrengungen nicht erwischen konnte, aber es traf nicht; der kleine Teufel war im Nu hinterher und fort damit, der Irländer hinter ihm nach. — Man hörte sie laufen; dann den Schlag des Polizeistabes auf den Quadern, dann kam die nächtliche Stille zurück.

Je mehr Antonio über den Vorfall nachdachte, desto klarer war es ihm, daß sein kleiner Freund Paddy um den Mordanschlag auf ihn gewußt, und expreß seinen Express an diesem außergewöhnlichen Orte zur unmöglichen Stunde ausgerufen habe, um das Verbrechen zu vereiteln. Aber wer konnte es veranlaßt haben? Der Graf war allerdings der einzige Mensch in New York oder in der Welt, welchem daran gelegen sein mußte, den Besitzer des Poweller Geheimnisses aus dem Wege zu räumen. Aber wie kam der Graf zu O'Dogherty?

Er ging wol eine Stunde auf und ab, in der Hoffnung, der Junge würde zurückkommen und ihm Aufschluß geben. Endlich langte er übermüdet und melancholisch in seinem Hotel an, konnte aber lange nicht einschlafen. Die Bilder dieser ereignißvollen Nacht zogen immer von neuem an seinem Geiste vorüber; unter allen diesen Bildern aber waren es nicht die letzten Scenen der Aufregung und Gefahr, welche das Gedächtniß nicht loslassen wollten, sondern die paar Worte, die er mit dem Grafen und Miß Dawson gewechselt. Er erinnerte sich jeder Silbe, jedes Buchstabens dieses kurzen Gesprächs; jede Bewegung, jeder Blick, der dabei gewechselt worden, stand ihm sichtbar vor Augen. Mit seinem eigenen Antheil an dieser Aufführung war er nichts weniger als zufrieden. Einmal schien es ihm, er sei gegen Miß Dawson zu ausfallend gewesen, und dann dachte er sich eine zartere und gefühlvollere Antwort auf ihre boshafte Neckerei aus. Ueber dieser geistreichen Beschäftigung schlief er denn doch zuletzt ein, als ihm der Morgen schon ins Fenster schimmerte.

Siebentes Kapitel.

Der Graf Roussillon macht seinen 2. December.

<blockquote>Und das Band, das uns verbindet,
Sei kein schwaches Rosenband.
(Goethe, „Mit einem gemalten Bande.")</blockquote>

Die eigentliche irdische Lust des Daseins genießt man am ungetrübtesten beim Frühstück an einem winterlichen Tage, wenn die Lebensgeister vom Schlafe gestärkt, im Morgenthau funkeln, das Feuer im Kamin flackert und knistert, warm zurückgespiegelt von dunkeln Möbeln und goldenen Bilderrahmen an den Wänden und silbernem Theeservice, Schüsseldecken, geschliffenen Gläsern und Flaschen auf dem weißgedeckten Tische, während die Theeurne summt und singt, Buchweizenkuchen und Beefsteaks dampfen und die große altmodische Wanduhr, die sich aus altmodischer Coquetterie unter die Paraphernalien des modernen Frühstückluxus verirrt hat, aus der Ecke ihr heimelndes Tictac schlägt. Auf dem Tische liegt der New York Herald und der Commercial Advertiser. Herr Dawson läuft schnell über die Handelsnachrichten hin, während ihm Pompey, der Neger, in schneeweißem Haushabit und unter all dem blanken Geschirr, womit er handthiert, ganz appetitlich anzusehen, die Tasse Kaffee hinstellt. Mary Dawson hat den Courrier des Etats-Unis neben sich liegen, als Bildungsmittel in der französischen Sprache. Mrs. Dawson, schläfrig und doch noch reizend in ihrer reichen Spitzenhaube, präsidirt ihrem Gemahl gegenüber und macht den Thee.

„Was hältst Du von dem Preußen, Mary?" fragte Mrs. Dawson. „Er war der Löwe des Abends."

„Für einen Dutchman war er ganz erträglich."

„Einen Dutchman? Er ist ja ein Preuße."

„Das kommt Alles auf Eins heraus. Alles das lebt von Lagerbier und Sauerkraut."

„Er ist in jeder Beziehung ein Gentleman," warf Herr Dawson hin, ohne von seiner Lectüre aufzusehen, „und von erstaunenswerther Gelehrsamkeit für einen so jungen Menschen."

„Ja, das weiß der Himmel! Mit seiner Gelehrsamkeit hat er mich beinahe umgebracht."

„Die Damen haben sich um ihn gerissen," fuhr Mrs. Dawson fort. „Besonders Miß Brabbury. Die Beiden passen zusammen. Julia ist sehr literarisch," spottete ihre Tochter.

„Du kannst es Julien nicht vergessen, daß sie den Preußen gegen Deinen Grafen in die Arena gebracht hat."

„Gegen den Grafen?" rümpfte Miß Dawson die Nase, „der gegen den Grafen? Satyr gegen Hyperion!"

„Du bleibst hinter der Zeit zurück, Miß Dawson," sagte ihr Vater und legte sein Journal bei Seite. „Miß Brabbury's Pferd hat bei dem ersten Rennen gewonnen. Der Graf kommt aus der Mode."

„Das Schönste ist," sagte Mrs. Dawson, „daß Sewerage auf den Preußen eifersüchtig ist."

„Unsinn!" erklärte ihr Mann.

„Nicht unmöglich," sagte Mary. „Julia hat ihren eigenen Geschmack — immer gehabt."

„Ich stehe nicht für die Folgen," erklärte Mrs. Dawson ihrem Manne. „Miß Brabbury ist immer ein eigenthümliches Kind gewesen, und jetzt, ohne Vater und Mutter —"

„Sie hat in dem Preußen ihr Ideal gefunden, das ist gewiß," fiel Miß Dawson höhnisch ein.

„Allerdings," kam Herr Dawson auf seine stereotype Redensart zurück, womit er seit zwanzig Jahren die Ankunft jedes Europäers in seinem Kreise begrüßt hatte, „allerdings kann sich unser Vaterland zu der Acquisition eines so intelligenten Fremden nur Glück wünschen; aber daß Miß Brabbury sich an einen Bettler wegwerfen sollte —"

„Sie hätten hören sollen, wie sie von ihm sprach. Es würde mich gar nicht wundern, wenn sie ihn heirathete."

„Sie wird ihn ebenso wenig heirathen," spöttelte Herr Dawson, „wie Mary den Grafen."

Diesmal wurde Mary ernstlich verlegen und fing an, den Courrier des Etats-Unis zu lesen.

„Das ist etwas ganz Anderes," warf Mrs. Dawson ein.

„Warum? Eines wäre gerade so verrückt wie das Andere. Jedenfalls wäre mir der Preuße als Schwiegersohn noch lieber. Aber die Idee, einen von diesen Bettlern —"

„Ich habe ihn auf den ersten Blick recht beurtheilt," rief Mary plötzlich in einer ganz besondern Aufregung mit leuchtenden Augen und fieberhaften Wangen, den Courrier ihrem Vater hinüberreichend. Da steht's: „Verhandlungen vor dem Polizeigericht."

Es war ein Bericht über die am vorhergehenden Mittwoch vor dem Polizeigerichte verhandelte Prügelei zwischen Jack O'Dogherty und der Familie O'Shea, worin die eingemiethete Fremde als Veranlassung erwähnt wurde. Eine nachträgliche Bemerkung des Berichterstatters insinuirte, daß diese Person von einem Preußen unterhalten werde, einem Abenteurer, der sich durch falsche Empfehlungsbriefe und einschmeichelndes Benehmen Zutritt in den besten Familien verschaffe. Vornehme junge Mädchen wurden gewarnt.

„Ist es möglich!" rief Mrs. Dawson ganz erschreckt. „Man kann doch nicht zu sehr auf seiner Hut sein, wen man in sein Haus aufnimmt."

„Es muß ein anderer Preuße sein," sagte Herr Dawson ruhig. „Dieser ist mir von zu guter Quelle empfohlen, und ein alter Freund Herrn Wilhelmi's."

„Es kann kein Anderer sein!" rief Mary Dawson, indem ihr vor Aufregung und Trotz die Thränen in die Augen kamen.

„Ich werde Erkundigungen einziehen." Mit diesen Worten stand Herr Dawson vom Tische auf; in demselben Augenblick kam Augustus ins Zimmer geschlendert. Er schlug die Augen vor seinem Vater nieder, der ihn beim Herausgehen forschend ansah, hatte aber, als er sich setzte, seine erhabene Dandy-Miene schon wieder angenommen. Nur sah er bleich und hohläugig drein.

Die beiden Damen fielen mit der Neuigkeit wegen des Preußen über ihn her. Er überlief den Paragraphen im Courrier.

„Sollte mich nicht wundern," meinte der Sohn. „Gestern Abend mit ihm zusammen. Betrug sich wie ein Rowdy. Insultirte Grafen. Graf vollkommener Gentleman."

Der erste Eindruck, welchen Augustus von jener Scene empfangen, war allerdings nicht ganz so günstig für den Grafen gewesen. Aber er hatte nach der Entfernung der Freunde noch sechs Tausend Dollars an die Bank verspielt, und der Graf war sein Bürge dafür. Das Geld mußte diesen Morgen beschafft werden. Darüber vergaß er ganz und gar, den Preußen über die Bedeutung des Namens Grenier zu fragen, wie er sich zuerst vorgenommen.

Als Augustus nach dem Frühstück zu seiner Schwester ins Parlor hinauf kam, suchte er sie anzuborgen. Dies war in letzter Zeit so oft geschehen, daß Mary sowol die Geduld als die Mittel darüber verloren hatte. Diesmal aber ließ sie ihn nicht los, bis er ihr gestanden, daß es sich um eine Spielschuld handele. Sie hatte ihn nämlich mit dem Preußen und Wilhelmi fortgehen sehen, und fühlte ein brennendes Interesse an diesem Gegenstande. Augustus konnte sich nicht schöner entschuldigen, als daß der Preuße, an dessen Ruf jetzt doch einmal nichts mehr zu verderben war, der allgemeine Verführer gewesen und sie Alle an einen Ort geführt, (respective den unschuldigen Grafen durch Augustus hinbestellt) dessen wahren Character ihre unerfahrenen Seelen nicht geahnt. Der Graf hatte sich aber so edel bewiesen, für Augustus zu bürgen. Miß Dawson, die überhaupt noch nie so außer Fassung gewesen war, vergaß zu fragen, wie es denn komme, daß der Graf in einer Spielhölle solch' ausgezeichneten Credits genoß.

Was für ein Widerstreit der Gefühle war es, der in dem zarten Herzen des eben erst dem Kindesalter entwachsenen Mädchens solche gewaltige Erschütterung hervorrief? Die fashionable Verehrung alles Französischen, der gesellschaftliche Ehrgeiz, die leichtsinnigen Neckereien von Eltern und Bekannten, hatten sie mit dem Grafen in ein Verhältniß hineingespielt, um welches der magische Taumel der Jugend seinen trügerischen Schimmer warf. Der unendlichen Unbedeutendheit und blödsinnigen Affectation der New Yorker vornehmen Jugend gegenüber, konnte der Franzose den Reiz des Fremden, Halbverstandenen, das Imponirende eines frech dictatorischen Geistes für sich geltend machen. Unternehmend wie er war, warf er sich ihr zu Füßen mit einem Schwall von romanhaften Redensarten, die in der Uebersetzung grotesk geklungen hätten, aber auf Französisch und in der fremden Sprache ins unbestimmt Poetische verschwammen. Dennoch erlaubte ihm etwas in ihrem Wesen, wovor er sich fürchtete, keine Wiederholung von solchen pathetischen Scenen. Die Amerikanerinnen kommen fertiger auf die Welt, als andere Menschenkinder, und sind früher selbstbewußt. Sie untersagte ihm, dergleichen noch einmal auszusprechen. „Wenn ich Sie wahr finde," behauptete sie, „so bin ich die Ihre, und dann werde ich es Ihnen sagen."

Die selbsttäuschende Absicht des Herzens war freilich, ihn unter jeder Bedingung wahr zu finden. Nichtsdestoweniger wurde ihr der Graf schon mit jedem Tage zweifelhafter, als jetzt plötzlich ein Mann ihren Pfad kreuzte, der in seiner ganzen Erscheinung den Stempel natürlichen Adels und seltener Bildung trug. Seine bloße Gegenwart streifte von dem daneben stehenden Bilde des Grafen allen Blüthenstaub der Illusion ab. Jedoch war die erste Bewegung von Mary's geängstigtem Gewissen, auf Leben und Tod für ihre Illusion zu kämpfen und Den, dessen bloßer Blick wie vergifteter Mehlthau darauf fiel, als kalten Teufel zu hassen. Ihr Herz klammerte sich nun auf einmal an den Gegenstand einer kindischen, schon fast erblaßten Phantasie, eben weil sie im geheimen Innern ihn rettungslos verloren fühlte. Es war ein gefährlicher Augenblick, denn Mary Dawson war ein stolzes Herz.

Die Enthüllungen des Bruders gaben dem Gefühl noch die Intensität der Scham. Sich ihren Bruder in der Schuld des Mannes zu denken, mit dem sie in einem so zart schwebenden Verhältnisse stand, trieb ihr das Blut in die Wangen. Das Geld mußte beschafft werden. Aber woher? Es mußte noch diesen Vormittag beschafft werden. Der Kopf brannte ihr. All dieses Brennen warf sich noch auf die wunde Stelle, und ein Zusammenfluß von Aufregungen, von denen keine einzige die Person des Grafen zum positiven Gegenstand hatte, brachte zusammen für den Augenblick die Wirkung der aufrichtigsten und gewaltigsten Leidenschaft hervor.

„Alles das," sagte Mary, indem sie ihre disponibeln Juwelen überzählte, „macht noch nicht fünfzehnhundert Dollars." Sie rang verzweifelt die Hände.

Es klingelte. „Der Graf," meldete der Neger.

Der Neger grinste immer, wenn er den Grafen anmeldete.

Grenier warf bei seinem Eintritt einen scheuen Blick auf Miß Dawson und ihren Bruder, die Beide mit niedergeschlagenen Augen dastanden. Er lebte seit dem Begegnen mit seiner Frau am Broadway auf dem qui vive, noch mehr aber seit der Begegnung mit

Antonio in denselben Cirkeln, und seit dessen Andeutungen. Es handelte sich um einen großen Coup vor Thoresschluß. Aus dem Empfange der Geschwister konnte er noch nichts herauslesen; aber verdächtig waren ihm die niedergeschlagenen Augen.

"Eh bien! Was gibt's?" rief er frech; "ist dieser Infame, dieser Preuße —"

"Ich weiß Alles!" sagte Miß Dawson schwach.

Der Graf wurde bleich wie ein Ohnmächtiger. Aber ein Blick auf die junge Dame versicherte ihn wieder einigermaßen. Sie sah eher selbst schuldig, als anklagend aus.

"Was wissen Sie?" fragte er mit vielgeübter Geistesgegenwart.

"Hab' gebeichtet, Graf. Verflucht hart dran diesmal. Hab' 'ne Idee, doppelte Buchführung zu patronisiren und im Allgemeinen in die Citronen zu gehen."

"Graf, Sie haben Sechstausend Dollars für meinen Bruder gutgesagt, und —"

"Sprechen wir nicht davon," sagte der Graf, unendlich erleichtert. "Ich habe soeben einen Wechsel aus Paris erhalten und kann die Summe für Sie decken."

"Guter Kerl, Graf!" drückte sich Augustus billigend aus.

Miß Dawson, die noch nie in ihrem Leben gewußt hatte, was Geldverlegenheit sei, und die während der letzten halben Stunde für ihren Bruder durch alle Höllenschrecken eines bevorstehenden Ehrenbankerotts gegangen war, ging auf den Grafen zu, nahm seine beiden Hände in die ihrigen und redete ihn zum ersten Male, seit sie sich kannten, bei seinem fictiven Vornamen an:

"Gaston," rief sie dankglühend und hoch erhoben in der Freude, ihn so erhaben zu finden, "Gaston, Freund, Retter, die Stunde ist da: ich bin Dein, theurer Gaston!"

"Mademoiselle," erwiederte Gaston, indem er ihre beiden Hände mit zärtlicher Ehrfurcht und vieler Grazie an die Lippen führte. "Nur durch ein ganzes Leben der Liebe, der Treue, der Hingebung, werde ich ausdrücken können, was mein Herz in diesem Augenblick empfindet."

Dann plötzlich ihre Hände loslassend und zwei Schritte zurücktretend, als überkomme ihn ein schmerzlicher Gedanke:

"Welch' trauriges Geschick! Quel triste sort!"

"Triste? Wie so triste?" fragte Augustus, der so viel Französisch verstand, und Grund zu haben glaubte, den Grafen in dem Augenblicke für den glücklichsten Kerl in der Christenheit zu halten.

Mary sah ihn fragend an.

„Die Nachrichten, die ich soeben erhalten habe, fordern meine unmittelbare Abreise nach Frankreich."

Die junge Dame schloß bei dieser Ankündigung die Augen, wie das Opfer, welches den Todesstreich erwartet. Sie streckte flehend die Hände nach ihm aus. Sie hatte ihn soeben zu ihrem Schicksal über sich eingesetzt und war in der Stimmung unbedingter Unterwürfigkeit, welche an starken und selbstständigen Characteren so rührend, weil so selbstverleugnend ist.

„Also trennen!" murmelte sie.

Der Graf, auf diesen Gedanken vorbereitet, trat rasch auf sie zu und schlang den Arm um ihre Hüfte. „Die Stunde hat geschlagen," rief er, „Du hast frei entschieden; jetzt bist Du mein. Wir trennen uns nicht mehr."

Mary fühlte sich in ihrem Worte gefangen, gebunden. Der Graf wich keinen Fingerbreit von dem Rechte ihres Pactes. Er sah sie mit einem langen, durchdringenden Blick an. Dann sagte er melancholisch: „Du hast mich wahr befunden, Mary, laß mich Dich wahr finden."

„Was verlangen Sie von mir? Was soll ich thun?"

„Ich verlange, daß Du den Bund mit mir unwiderruflich besiegelst, bevor ich gehe."

Mary trat einen Schritt zurück und schüttelte wild trotzig den Kopf. Der Franzose, ohne auf diese Bewegung Rücksicht zu nehmen, fuhr mit fließender Beredtsamkeit fort, seinen Vortheil zu verfolgen.

Mary war streng in den religiösen, moralischen und gesellschaftlichen Satzungen ihres Kreises erzogen, der trotz seiner Frivolität nicht weniger beharrlich an diesen Satzungen hielt. Ihrem jungen Herzen waren sie noch eine Wahrheit; aber die Romantik ihrer französischen Lectüre war ihr kaum weniger eine Wahrheit, nachdem sie einmal angefangen hatte, dieselbe in die Praxis zu übersetzen. Wie der Graf die Sache hinstellte, schien dieselbe wirklich jedes verbrecherischen Zuges, ja in ihrer unverbrüchlichen Heimlichkeit fast jeder gesellschaftlichen

Ungehörigkeit entkleidet. Eine öffentliche Trauung, so aus dem Stegreif ausgeführt, wäre vielmehr eine gesellschaftliche Ungehörigkeit gewesen, wofür, besonders nach den soeben beim Frühstück geäußerten Gesinnungen des Vaters, an die Einwilligung der Eltern absolut nicht zu denken war. Dazu war es dem Grafen Gewissenssache, wie er behauptete, sich katholisch trauen zu lassen. Zu einer solchen Ketzerei hätte Mrs. Dawson niemals ihre Einwilligung ohne die Zustimmung ihres presbyterianischen Beichtvaters, des Dr. Ellis, gegeben. Welche endlosen Schwierigkeiten stellte das nicht in Aussicht! Dagegen war es in Frankreich Sitte, bei gemischten Ehen sich sowol nach katholischem als protestantischem Ritus trauen zu lassen. Dadurch wurde beiden Gewissen genügt. Auch hierin unterwarf sich zuletzt das aufrührerische Gewissen der jungen Dame aus zwei, bei jedem Amerikaner stets stark ins Gewicht fallenden Gründen; nämlich erstens, weil es eine von der guten Gesellschaft in Frankreich geheiligte Gewohnheit, und zweitens, weil es ein Compromiß war. Die Hauptsache aber war: sie hatte einmal ihr Wort gegeben und war jetzt zu stolz, es zurückzunehmen. Der Graf hatte soeben erst ihrem Bruder eine Ehrenschuld geschenkt. Wie mußten Beide, Bruder und Schwester, vor ihm dastehen, wenn er i h r nun auch noch die ihrige erlassen sollte. „Du hast mich wahr befunden, Mary, laß mich Dich auch wahr finden!" Das war der Refrain, womit der unerbittliche Gläubiger ein Bedenken nach dem andern niederschlug. Gegen diese Mahnung, gerade in diesem Augenblick, war sie waffenlos, so große Lust sie auch einige Male verspürte, sich zu empören. Es wurde zuletzt ausgemacht, die erste, die heimliche Trauung, nach katholischem Ritus, sollte heute Nachmittag bei einem katholischen Priester, den der Graf seinen Seelsorger nannte, vor sich gehen, die zweite, öffentliche, nach seiner Zurückkunft aus Europa in der presbyterianischen Kirche mit allem Pomp einer Hochzeit in High Life in der Fünften Avenue. So wurde es zuletzt verabredet. Der Graf sollte Miß Dawson, wie gewöhnlich, um halb vier Uhr zur Nachmittagspromenade abholen und Augustus sie begleiten.

Augustus fühlte sich ungeheuer behaglich und ungeheuer wichtig über dieses Arrangement: behaglich, weil er die fürchterliche Hetze wegen des aufzubringenden Geldes los wurde, und wieder heut Abend mit frischen Kräften sein Glück versuchen konnte, das jetzt offenbar in die rechte „Periode" zu treten im Begriff war; — wichtig, weil ein solches Abenteuer eigentlich zu einer fashionablen Existenz gehörte. Er nahm sich im Stillen vor, doch nächstens auch für seine eigene Person einen ähnlichen Geniestreich auszuführen, wobei nur die Schwierigkeit war, daß ihm, dem jungen Erben, die Thüren überall weit offen standen, und ihm die gebratenen Tauben ins Maul geflogen wären, wenn er nur Miene zum Heirathen gemacht hätte. Er quälte seine Phantasie vergebens ab nach einer Verwicklung, einer Intrigue, nach Art der vorliegenden zwischen dem Grafen und seiner Schwester. Endlich kam er zu dem Schluß, er müsse entweder mit einer Courtisane oder einer verheiratheten Frau davonlaufen, und setzte sich den Hut auf, um sich auf dem Broadway sogleich nach einem passenden Gegenstand für seine beabsichtigte Leidenschaft umzusehen.

Der Graf nahm ebenfalls seinen Hut, um den katholischen Priester vorzubereiten und, wie er angab, die nöthigen Anstalten zu seiner morgenden Abreise zu treffen.

Er drückte eben seiner Verlobten die Hand zum Abschied, als es an der Hausthür klingelte.

Miß Dawson fühlte, wie seine Hand, electrisch getroffen, zurückfuhr, und sah ihn befremdet an. Man sah ihm aber nichts an, obgleich er innerlich wie ein scheues Wild aufhorchte. Je näher er seinem Ziele stand, desto ängstlicher glaubte er bei jedem Ton die dünne Eisdecke knistern zu hören, die von dem Abgrund seiner wahren Existenz schon fast weggeschmolzen war.

Der Neger brachte Augustus auf einem silbernen Präsentirteller eine Visitenkarte.

Augustus las sie und händigte sie verlegen seinem Freunde ein.

Dieser wurde ganz bleich. Miß Dawson, welche neugierig nach der Karte griff, sah es, schrieb aber das dem Hasse zu, was Höllenangst war.

„Unangenehme Erscheinung!" sagte Augustus.

„Sie werden doch diesen Menschen nicht annehmen!" rief der Franzose aufgeregt. Dann auf Englisch zum Neger, als commandirte er ein Regiment zum Angriff: „Sag', Monsieur nix zu Haus!"

Pompey grinste den Franzosen an, wie ein Affe, der einen andern verhöhnt, und sah dann auf seinen Herrn, auf dessen Ordre wartend.

„Engagirt. Keine Zeit!"

Der Graf holte tief Athem.

Nach einer Secunde kam der Neger wieder herein:

„Mister wünschen die Ehre, Miß Dawson Aufwartung machen, Ma'am."

„Nix zu Haus! Nix zu Haus!" rief der Franzose heftig.

Pompey grinste wie vorher; ja, er nahm einen Augenblick wahr, wo die Andern die Augen von ihm weg wendeten, um dem Franzosen sein heftiges Kopfnicken nachzuäffen. Es war nur ganz flüchtig, aber der Graf verstand es recht gut, und schäumte innerlich vor Wuth. Zu jeder andern Zeit hätte er den Neger geohrfeigt.

„Ebenfalls engagirt," sagte Miß Dawson mit jener impertinenten Gleichgültigkeit, welche vornehmen Damen unnachahmlich zu Gebote steht.

„Engagirt? Sofo!" grinste Pompey mit einem komischen Blick von der jungen Dame auf den Franzosen, so daß alle Drei betroffen standen. Hatte der Neger bei dem Wortspiel blos seinem unverbesserlichen Hang zur Neckerei nachgegeben, oder hatte er gehorcht?

Zum dritten Male kam er zurück:

„Misses Dawson ebenfalls engagirt, Ma'am?" fragte er ironisch.

„Kann man denn den Menschen nicht los werden?" rief Miß Dawson aufgebracht. „Sage: Mrs. Dawson kann die Ehre nicht haben, Herrn Wohlfahrt zu empfangen, verstehst Du?"

„Wäre's nicht vielleicht angemessenere Procedur, Ma'am, ich Misses selbst fragen in Betreff ihrer Auffassung von der Verhältniß, Ma'am?" fragte Pompey wichtig.

Miß Dawson hatte jetzt die Geduld verloren.

„Ich lasse Dich fortschicken, Schlingel!" rief sie, und ehe der Graf noch daran denken konnte, sie im Zimmer zurückzuhalten, stand sie in der Halle, Antonio gegenüber.

„Ihre Beharrlichkeit wäre einer bessern Sache werth," sagte si kalt; „aber wir sind heute Morgen nun einmal nicht in der Lage, S zu empfangen."

„Dann, schnödes, übermüthiges, hassenswürdiges Kind!" rief A tonio, außer sich über die Schmach der Behandlung, und kaum wissend, was er sagte oder wo er stand, „dann sollen Sie noch dieses jetzt so hoffärtige Gesicht vor Scham mit beiden Händen zudecken, das nächste Mal, daß Sie mir begegnen!"

Miß Dawson zog die Lippen zu kalter Verachtung auf; aber die innere Bewegung verrieth sich auf der Wange, von der alle Farbe gewichen war. Der Neger, der, wie alle Untergebenen und Schwachen, mit denen Antonio jemals in Berührung kam, seit gestern eine Art ehrfurchtsvoller Zuneigung für denselben empfand, war dennoch Canaille genug, dem von der Thür Gewiesenen ein serviles Kichern nachzuschicken, auf den Beifall seiner Herrin berechnet. Diese war schweigsam und zerstreut, als sie ins Zimmer zurücktrat, von der ominösen Warnung des Preußen wie vom bösen Gewissen verfolgt, so daß Alles, was noch von den beiden jungen Leuten aus Renommage gegen den „deutschen Tölpel" zur weitern Verabredung vorgebracht wurde, unbeachtet an ihrem Ohr verhallte.

Antonio ging unterdessen die Fünfte Avenue wie betrunken hinunter. Er wurde abwechselnd purpurroth und leichenblaß, gesticulirte heftig und sprach mit sich selbst, so laut, daß die Leute ihm auf der Straße nachsahen, besonders, da er eine Fluth von Schmähreden über amerikanische Backfische, amerikanische Erziehung, amerikanische Frechheit und alles Amerikanische im Allgemeinen ausgoß, und zwar auf Englisch, so daß Mancher im Vorübergehen etwas davon aufschnappen konnte.

Achtes Kapitel.

Der Held wird aufgefordert, öffentliche Vorlesungen zu halten, und thut einen Blick in die New Yorker Geschäftswelt, wo Herr Dawson eben ein auf einer billigen Ansicht von der Sache basirtes Compromiß vorschlägt.

Unser Freund ging blindlings immer gerad' aus, bis er sich unversehens vor Washington Square befand. Dort kehrte ihm zuerst die Unterscheidung der Außenwelt wieder, und er war im Stande, seinen Weg nach dem Brevoorthouse zurück zu finden, wo er ein Sturzbad nahm. Noch während des Anziehens ließ sich der Reverend Dr. Ellis anmelden. Kurz darauf kam ein Herr Haffner dazu, der ein nicht eben bedeutendes Eisenwaarengeschäft betrieb und Antonio mit seinen 10,000 Dollars und dem Rufe seines Vaters in Deutschland gern zum Partner gehabt hätte. Nichts wirkt beruhigender auf das gestörte Gleichgewicht des Geistes, als das Gespräch mit Personen, die außerhalb des Kreises der Aufregung oder der Vertrautheit stehen.

Als der Gerufene seine Besucher empfing, war jede Spur der eben überstandenen Erschütterung verschwunden. Er trat mit seinem gewöhnlichen freien Anstande in den Saal, und wußte sogar den hochmüthigen Geistlichen mit dem cynischen Deutschen, die sich während der kurzen Zeit ihres vis-à-vis instinctmäßig mit den Blicken angeknurrt hatten, durch seine leichte Form ins Einvernehmen zu setzen. Herr Ellis hatte an diesem Morgen schon eine Rundreise bei einer Reihe von angesehenen Männern gemacht, die Alle Billets zu Antonio's Vorlesungen nehmen würden. Darunter sah unser Freund nicht ohne ein peinliches Gefühl den Namen Dawson's mit vier Billets: also für die ganze Familie.

Die Subscriptionsliste war in Form einer Einladung an den distinguirten Gentleman abgefaßt, „dessen Ruf als Gelehrter und Kunstkenner, durch die größten literarischen Namen in England und auf dem Continent beglaubigt, auch in Amerika zu wohl bekannt sei, um in den Unterzeichneten nicht den lebhaften Wunsch zu erregen, dem Publicum dieser Stadt den Vortheil einer Reihe öffentlicher Vorlesungen über die Kunstgeschichte von einem in jeder Beziehung so ganz besonders zu einem solchen Unternehmen ausgerüsteten Geiste zu verschaffen."

Im kaum verstandenen Widerspruche mit diesem angeblichen Interesse des Publicums und der Subscribenten an einem Gegenstande, „dessen Wichtigkeit nicht zu hoch angeschlagen werden konnte", machte Reverend Dr. Ellis auf Antonio's Vorschlag wegen zwölf Vorlesungen bemerklich, daß kein Mensch in New York sich zum Hören von zwölf Vorlesungen verbindlich machen würde. Jedermann würde vor der Idee zurückschrecken, und lieber drei Dollars für sechs Vorlesungen geben, als zwei für zwölf. Antonio war's zufrieden und zeigte sich bereit, auf den Plan einzugehen. Im Hintergrunde seines Herzens stand der Gedanke, sich durch einen literarischen Triumph für die schnöde Behandlung, die ihm so eben von Miß Dawson geworden, zu rächen. Die Aufschneiderei wegen seines europäischen Rufes als Gelehrter verletzte ihn allerdings; allein die Sache ließ sich auf keine Weise mehr ändern. Es liegt einmal in der Demokratie, daß das Volk nur von schreienden Farben angezogen wird. Wer die Oeffentlichkeit braucht, dem schreit sie daher zunächst und vor allen Dingen einen Ruf an. Dem wirklichen Werthe bleibt dabei nichts übrig, als sich nach Kräften seines heroischen Costüms würdig zu machen, seine Noten am Verfalltage einzulösen und seinen Credit zu bewähren.

Der Geistliche forderte Herrn Haffner auf, doch auch die deutschen Kaufleute zur Theilnahme zu bewegen; dieser aber versicherte, man würde die Subscription für eine Bettelei ansehen und Herr Wohlfahrt dadurch in den Augen seiner Landsleute verlieren.

„Das ist in der That merkwürdig," sagte der Amerikaner, nicht ohne einige Verachtung. „Bei uns gibt es keine ehrenvollere Stellung, und wir sehen es als eine Ehre an, derartige Unternehmungen ins Werk zu setzen."

„Das ist amerikanischer Humbug," sagte der Deutsche roh; „wir amüsiren uns lieber und lassen Gott einen guten Mann sein."

Der Amerikaner sah den Mann groß an und sagte nichts; dann drehte er den Kopf gegen Antonio, und nahm überhaupt von dem Andern nur noch so viel Notiz, als unvermeidlich war, um nicht unhöflich zu sein.

Antonio suchte dies Benehmen zu erklären, um seine Landsleute zu entschuldigen.

„Bei uns," sagte er, „sind alle Erziehungsanstalten, wie überhaupt alle gemeinnützigen Unternehmungen, in den Händen der Regierung. Dadurch ist für das Bedürfniß im weitesten Maße nach einem durchgehenden System gesorgt; daher fühlen sich unsere Landsleute hier nach heimathlicher Gewohnheit nicht eben berufen, selbst Hand anzulegen, und wenn sie subscribiren sollen, so fragen sie immer nur: Ist's eine Ueberschwemmung, oder eine Bettelei? Bei Ihnen dagegen, wo der Staat nur das Nothwendigste thut, ruht die Hauptlast der öffentlichen Bildung und des öffentlichen Wohlbefindens auf den Schultern von Privatleuten und der Anregung durch die Geistlichkeit, deren Amt es ist, in der Geschäftswelt das ideale Bedürfniß wach zu erhalten."

„Das versöhnt mich einigermaßen mit Ihren Landsleuten hier," sagte der Doctor der Theologie; „es ist mir sonst immer vorgekommen, als lebten sie nur für den eigenen Leib, ohne eine Ahnung, daß sie dem Gemeinwesen Verpflichtungen schulden könnten."

„Das ist dasselbe Vorurtheil, wonach wir „Dutchmen" hier und in der ganzen Welt für dumm gelten müssen. Die Teutschen haben einen Fond von geistiger und sittlicher Energie, der sich gar bald in aller seiner Stärke entwickeln und im politischen wie im socialen Leben geltend machen wird."

Der junge Maler mit dem andern Geistlichen von gestern Abend ließ sich anmelden. Diese beiden Herren waren aller möglichen Ketzereien geständig. Sie waren Ketzer von Natur und unbedingte Jünger des unbedingten Fortschrittes in unbedingt allen Dingen. Der Maler, Herr Marston, war ein aufgehender Stern am amerikanischen Kunsthimmel, und alle Journale waren voll von ihm als dem Schöpfer einer original-amerikanischen Kunst im Gegensatz zu der europäischen. Er malte nämlich nach der Theorie, man müsse, um den wahren Naturton des Fleisches zu treffen, zunächst das Skelett, darüber dann die Nerven, Adern, Muskeln in ihrer natürlichen Farbe, und endlich die Haut zuletzt obendrauf malen. So verfahre die Natur. Unsere gegenwärtige Malerei sei Convenienz-Malerei. Er hatte verschiedene Gemälde nach diesem kostbaren Recepte ausgeführt, welches ihm offenbar von dem patriotischen Ehrgeiz eingegeben war, den Engländer Ruskin in seinem Prä-Raphaelismus auszustechen und zu zeigen, daß England gegen Amerika nun einmal nicht aufkommen könne, und die Yankees in

allen Dingen an der Spitze marschirten. Da die schrecklichen Folgen
dieser original-amerikanischen Verfahrungsweise erst mit der Zeit zum
Vorschein kamen, so erfreute sich der amerikanische Patriotismus in
diesem Augenblick des Anbruches einer neuen Kunstaera, herbeigeführt
durch das Erwachen des amerikanischen Genius. Ein original-ameri=
kanisches Oratorium hatte gleichzeitig dieselbe That in der Musik voll=
bracht. Die Journale verkündigten die frohe Botschaft den Nationen,
die Ausschließlichkeiten des französischen, italienischen und deutschen
Styls und ihre nationalen Eifersüchteleien seien jetzt von einem ameri=
kanischen Componisten überwunden, und der wahre kosmopolitische Styl
sei in die Musik eingeführt, welche alle Vorzüge jener beschränkten Na=
tionalgeister in sich vereinige und von ihnen Allen verstanden werden
könne.

So unerbaulich knabenhaft aber der junge Marston als Künstler
und Theoretiker war, so liebenswürdig war er im Umgang. Dasselbe
ließ sich von dem Reverend Lovejoy sagen. Dieser war Universalist,
d. h. er glaubte, daß die universelle Menschheit nach dem Tode in den
Himmel käme, und machte überhaupt gleich seinem jungen Freunde in
Kunst und schöner Menschlichkeit. Der Proceß ist überhaupt dieser:
die deutsche Philosophie und Wissenschaft arbeiten sich durch irgend ein
tiefes Geheimniß des Geistes oder der Natur durch: diese eine Seite
wird dann von philosophischen Dilettanten als Erlösungsbotschaft des
Geistes popularisirt, in Frankreich dagegen zu socialen und politischen
Systemen verwendet. Nach zehn Jahren bringt der Ruf davon nach
England, wo er, in wenige allgemeine, verständliche und practische
Sätze gefaßt, zu einem zehnjährigen Kampfe gegen die alte Orthodoxie
in all ihren Gestalten, religiös, sittlich, politisch, social, schöngeistig,
künstlerisch, führt. Endlich kommt auch noch der letzte Abklatsch, zur
geistreichen Phrase oder zur Nachahmung geistreicher Phrasen ver=
flüchtigt, nach Amerika, wo er auch lediglich zur geistreichen Phrasen=
macherei dient.

Ein solcher geistreicher Phrasenmacher vor dem Publicum, Predi=
ger, Vorleser und Mitarbeiter an Monatsschriften war der Reverend
John Lovejoy, trotz seiner weißen Haare und seiner 65 Jahre ein frisch=
äugiger, rothwangiger Herr, der eigentlich nicht viel vom Reverend an
sich hatte, denn wie die Amerikaner den Nachtheil haben, niemals Kin=

der zu sein, so haben sie daneben den Vortheil, niemals Greise zu werden. Die Gesichter der Kinder sehen aus, als wären sie alt gekauft, und die Gesichter der Alten, als seien sie erst soeben renovirt.

Aber was auch immer die religiösen und anderweitigen Antipathieen zwischen dem Orthodoxen und den beiden Humanitariern sein mochten, in ihrer Dienstfertigkeit gegen den Fremden und dem Verlangen, dessen Talente ihrem Vaterlande und dem menschlichen Fortschritte nutzbar zu machen, waren sie gleich aufrichtig, gleich hingebend und gleich frei von fanatischer Ausschließlichkeit. Sie besprachen den Plan mit einander und gaben sich gegenseitig Rath, als gehörten ihnen ihre Gemeinden zu diesem Zwecke gemeinschaftlich an.

Leider konnte Antonio sich diesen Morgen nicht in den 26 oder 30 Comptoirs und Häusern, bei Berühmten und Unberühmten, Reichen und Armen, Herren und Damen vorstellen lassen, wo beide Parteien ihn mit hinnehmen wollten. Er brannte vor Ungeduld, seine Schutzbefohlene in Mulberry Street zu sprechen, die er seit jenem ersten Tage nicht wieder hatte sehen können; er mußte mit Haffner in dessen Magazin gehen; er mußte Wilhelmi wegen seiner endlichen Geschäfts-Etablirung um Rath fragen. Er fand, daß man in diesem Lande, jedenfalls in dieser Stadt, an jedem Morgen um 10 Uhr dreimal mehr Geschäfte auf dem Tapis hat, als sich in den Geschäftsstunden bis zum Nachmittag um 3 oder 4 Uhr abspinnen lassen. Und diesmal war es schon halb 2 Uhr.

Zunächst also fuhr er mit Haffner hinunter, der nicht warten konnte und deswegen speciell zu ihm herauf gekommen war. Darüber war es 3 Uhr geworden, als er bei Wilhelmi eintrat. Drei Uhr und er hatte Annie noch immer nicht gesehen, und Wilhelmi war nicht auf seinem Comptoir, sollte zwar in einer Viertelstunde wieder da sein, kam aber erst gegen 4 Uhr.

Antonio erzählte nicht, wie es ihm heute Morgen ergangen sei. Die Erinnerung daran war zu empörend. Er hatte sogar die Nachtscene darüber vergessen. Es kam auch gar nicht zur Mittheilung.

„Was Sie für ein Physiognomist sind!" rief ihm Wilhelmi entgegen. „Schöne Neuigkeiten!"

„Wie so?"

„Erinnern Sie sich, was Sie mir gestern Abend vom alten Dawson sagten?"

„Nein, was?"

„Sie sagten: Wenn er Sie jetzt nicht betrügt, so ist's ein Zufall."

„Hoffentlich habe ich mich geirrt," sagte Antonio, den Dawson's freundschaftliche Subscription gerade im Gegensatz zu der Feindseligkeit Miß Dawson's günstig gestimmt hatte.

„Geirrt? Ich wünschte, Sie **hätten** sich geirrt!"

„Was ist's also?"

„Dawson ist nicht bankerott."

„Was sie sagen!"

„Heute ist der vierte April. Aber ich bin überall umher gewesen, Dawson's Noten sind nicht im Markte; sie sind bei keinem Importer, sie sind auf keiner Bank zum Discontiren, kurz, sie sind nirgends vorhanden."

„Nun?"

„Nun, er hat sie alle selbst aufgekauft."

„Ich verstehe noch nicht recht."

„Bah! Die Sache ist doch so einfach! Ich habe ihm vor acht Monaten zusammen für 90,000 Dollars importirte Waaren geliefert. Dafür hat er mir seine Noten zu dem Betrage gegeben, die morgen fällig sind. Vierzehn Tage vor dem Verfallstage verbreitete sich das Gerücht, Dawson sei zahlungsunfähig. Dawson selbst bestätigte es mir — Sie waren ja dabei. Ich bin also froh, die Noten an einen Geldmakler zu verkaufen, der mir die Hälfte des Betrages dafür bietet. Dieser Makler aber war blos Dawson's geheimer Agent. Es war nicht der Makler, sondern der Schuldner selbst, der mir seine Schuld für den halben Preis ihres Belaufs abgekauft hat. Und so hat er's mit allen Andern gemacht; die Hälfte ist bezahlt, und jetzt steht er frei."

„Das nenne ich eine Speculation; wie viel hat er wol dabei gemacht?"

„Nach meiner Berechnung etwa 250,000 Dollars. Er hatte für etwa eine halbe Million Noten ausstehen."

„Und Sie können ihn nicht gerichtlich packen?"

„O Gott bewahre! Wir haben ja sein Papier auf dem Markt

v e r kauft, wie jede andere Waare, und er hat sein Papier auf dem Markt g e kauft, wie jede andere Waare; daß wir so dumm waren, es nicht zu behalten und für den halben Preis zu verkaufen, das ist ja nicht seine Schuld. Wir haben es einmal fortgegeben. Das Resultat ist, daß wir ihm zusammen für eine halbe Million Werth an importirten Waaren gutwillig für 250,000 Dollars abgelassen haben. Unterdessen hat er die Waaren nicht nur für eine halbe Million verkauft, sondern noch einen gewaltigen Profit dabei gemacht."

„Es ist großartig! So macht man in vierzehn Tagen ein Vermögen."

„So spielt man in Venedig!"

„Da wird sich Sewerage ärgern, der sich so auf das Haus gespitzt hatte."

„Sewerage? Spiegelfechterei der Hölle! Sewerage hat mit ihm unter einer Decke gespielt!"

„Das muß ich sagen! Und Dawson's gestriges Anerbieten von Pferd und Wagen an Sie?"

„Alles Maske!"

„Das nenne ich einen Pfiffikus! Und Sie glauben, er war wirklich in gar keiner Verlegenheit?"

„Nicht im Geringsten! Pure, reine Speculation, und noch das Vergnügen dabei, uns dummen Dutchmen zu zeigen, was ein Yankee ist."

In diesem Augenblicke kam Herr Dawson mit seiner gewöhnlichen salbungsvollen Freundlichkeit ins Comptoir getreten, als ob gar nichts vorgefallen wäre. Wilhelmi sah ihn mit einem feindseligen Blicke an, ohne seinen Gruß zu erwiedern oder die dargebotene Hand anzunehmen. Bei Antonio versuchte er daher eine solche Begrüßung nicht erst.

Er bat sich einige Worte im Vertrauen mit Herrn Wilhelmi aus. Dieser führte ihn in sein Privat=Comptoir, zögernd und übelwillig. Nach einigen Minuten kamen sie zurück, Justus mit dem Courrier in der Hand. Er gab den betreffenden Paragraphen Antonio zu lesen.

Dieser erröthete über und über; dann bat er sich, plötzlich gefaßt, eine amerikanische Zeitung vom gestrigen Datum aus.

„Ich weiß, was Sie wollen," sagte Justus. „Herr Dawson hat mir schon gesagt, er habe denselben Polizeibericht zuerst im gestrigen

Herald gelesen, aber ohne den Zusatz wegen des preußischen Abenteurers."

„Das beweist mir die Quelle. Es ist der Graf, der den Zusatz in das französische Journal eingeschmuggelt hat. Jetzt geht mir erst ein Licht auf." .

„Erzählen Sie doch Herrn Dawson, wer der Graf ist."

Antonio erzählte seine Begegnung mit Annie und Grenier auf dem Broadway.

„Ah!" sagte Herr Dawson, „jetzt begreife ich, warum er Sie gern aus der Gesellschaft herausverleumden möchte." Er nahm die Gelegenheit wahr, Antonio's Hand warm zwischen die seinigen zu nehmen. „Ich habe dem Menschen nie recht getraut," fuhr er fort; „aber ich mische mich nicht in die Launen meiner Damen. Sie müssen immer einen Favoriten haben."

„Sie werden sich doch jetzt wol hineinmischen?" rief Antonio.

„Die Sache hat ihre Schwierigkeiten," bemerkte der Amerikaner.

„Wie so?" fragte Justus mit Bedeutung; „ich würde mich keinen Augenblick besinnen, einem Betrüger die Thür zu weisen."

„Man muß Aufsehen vermeiden. Man blamirt sich selbst am meisten. Ich denke, ich werde den Grafen allmälig los werden," fügte er nach einigem Nachdenken hinzu.

„Machen Sie es nur nicht zu allmälig," fiel Antonio, der ein unbestimmtes Gefühl unmittelbarer Gefahr für Miß Dawson hatte, lebhaft ein. „Der Mensch ist viel gefährlicher, als Sie denken."

„Das mag wol sein," gab der Amerikaner gleichgültig zu.

„Diese Nacht wurde ein Mordanfall auf mich gemacht."

„Ein Mordanfall auf Sie?" fragten Beide erstaunt.

„Ich habe noch keine Zeit gehabt, Ihnen davon zu sprechen, Wilhelmi." Er erzählte darauf sein Abenteuer. Man konnte sich die Sache nur so combiniren, daß Grenier den Aufenthalt seiner Frau in Mulberry Street aus dem Polizeibericht über die Prügelei zwischen Jack O'Dogherty und der Familie O'Shea ausfindig gemacht und sich mit Jenem in Verbindung gesetzt hatte, um einen Mordanschlag auf Antonio auszuführen. Der Franzose war eine ganze Stunde nach ihnen im Spielhause erschienen. Ohne Zweifel hatte er die Zeit benutzt, um den irischen Bravo auf seinen Posten zu stellen.

„Wenn nur die unglückliche Frau nicht auch schon aus dem Wege geräumt ist!" rief Antonio, von Unruhe ergriffen. „Mein einziger Trost ist der kleine Paddy, aber der ist nicht immer da."

Bei diesen Eröffnungen war es zu Tage gekommen, daß Augustus die beiden Freunde ins Spielhaus geführt hatte. Die Freunde theilten bei der Gelegenheit Herrn Dawson ihre Ueberzeugung mit, daß sein Sohn ein Opfer Grenier's und dieser ein Helfershelfer des Bankhalters sei. Herr Dawson schüttelte nachdenklich den Kopf, doch ohne daß ihm die Angelegenheit besonders nahe zu gehen schien.

„Der vertrackte Junge," sagte er „er wird sich noch ruiniren."

Die beiden Besucher waren eben im Begriff zu gehen, Antonio in brennender Ungeduld, endlich — es war halb fünf Uhr — nach Mulberry Street zu kommen, als Herr Dawson sich noch in der Thür umdrehte und Wilhelmi ganz unbefangen ankündigte, er werde morgen früh auf sein Lager kommen, um sich seinen Vorrath anzusehen und neue Ankäufe zu machen. Nach der alten Regel, daß der Bankerottirer nach überstandenem Bankerott der beste Kunde ist, stand ein gutes Geschäft in Aussicht, aber Wilhelmi war ein geradsinniger Mensch und fürchterlich erbittert über den durchdachten Betrug, dessen Opfer er noch so kürzlich gewesen war.

„In Angelegenheiten, die den Character meines Freundes betrafen," rief er so laut, daß alle Commis von ihren Pulten auffuhren, „habe ich Sie reden lassen; aber in Geschäften kommen Sie mir nicht mehr ins Comptoir. Ich würde ebenso gern mit einem Ladendiebe Geschäfte machen als mit Ihnen, Sie niederträchtiger Betrüger."

„Aber, Herr Wilhelmi!" sagte Herr Dawson, indem er den Hut abnahm und sich mit dem Taschentuch die Stirn trocknete, neben einem geohrfeigten Blick, das einzige Zeichen, welches seine Verlegenheit verrieth.

„Ihr baut amerikanische Kirchen von dem Gelde, daß Ihr uns deutschen Importern aus der Tasche stehlt," fuhr Wilhelmi fort, da er einmal im Zuge war, „und nachher schimpfen uns noch zum Dank Eure Pfaffen deutsche Sensualisten, Egoisten, Atheisten!"

„Aber, Herr Wilhelmi!" nahm Herr Dawson, schon wieder ganz kaltblütig, seine unterbrochene Rede wieder auf, „wie hitzig Ihr

Fremden doch gleich seid. Es scheint, als könntet Ihr durchaus keine billige Ansicht von einem Falle fassen."

„Billige Ansicht!" schrie Wilhelmi wüthend, „billige Ansicht! Mir 45,000 Dollars rein aus der Tasche zu stehlen und mir nachher noch eine billige Ansicht von der Sache anzuempfehlen!"

„Damit Sie sehen, daß ich billig bin," fuhr der Amerikaner unerschütterlich fort, „so biete ich Ihnen ein Compromiß an."

Ein solches Anerbieten, nachdem der Betrüger aller rechtlichen Verpflichtungen baar und ledig und gesetzlich kein Cent mehr von ihm zu fordern war, hatte etwas so Außerordentliches, daß Wilhelmi vor Erstaunen der Mund offen stehen blieb.

„Ich will Ihnen für die 45,000 Dollars, die Sie durch Umstände, welche nicht unter meiner Controlle standen, verloren —"

„Nicht unter seiner Controlle!" appellirte Wilhelmi an Antonio.

„Durch unglückliche Umstände," corrigirte der Millionär seine beliebte, aber dies Mal unpassend angebrachte Redensart, — „an mich verloren haben; ich will Ihnen zur Entschädigung dafür einen guten Rath geben, der Sie vom Bankerott retten wird, und eine Speculation vorschlagen, welche —"

„Mich vom Bankerott retten!" rief der verblüffte Importer laut; „sind Sie toll geworden vor Unverschämtheit?"

„Lassen Sie mich ruhig ausreden, und dann werden sie vielleicht eine billigere Ansicht von dem Falle —"

„Billigere Ansicht!" schäumte Wilhelmi. Antonio mußte zuletzt lachen.

„Zu fassen im Stande sein," fuhr der Jobber ruhig fort. „Also der Rath, den ich Ihnen gebe, ist dieser: Geben Sie keinem Menschen Credit; verkaufen Sie nur gegen Baar."

Der Importer sah den Menschen darauf an, ob er nicht seinen Spott mit ihm treibe.

„Ich wünschte, Sie hätten mir den Rath vor acht Monaten gegeben, als ich Ihnen gegen Ihre Noten verkaufte," spottete Wilhelmi und konnte sich trotz allem Aergers zuletzt selbst nicht mehr des Lachens enthalten über die alle Begriffe übersteigende Unverschämtheit seines Rathgebers.

„Der Grund für diesen meinen Rath an Sie ist," fuhr dieser fort, ohne sich beirren zu lassen, „daß alle Noten, die Sie heute für Ihre Waaren erhalten, in sechs Monaten keinen Cent mehr werth sind."

„Wie so?" fragte der Importer, plötzlich aufmerksam. „Die ganze Welt wird es Ihnen doch nicht nachmachen?"

„Die ganze Welt wird in sechs Monaten bankerott sein," sagte der Jobber mit der Miene anständigen Beileids. Die beiden Deutschen sahen ihn und dann sich gegenseitig an. Aber Dawson hatte in dem Augenblicke etwas Durchdringendes und Positives in seinem Blick, das Einem Achtung abnöthigte.

„Sie scherzen; die Geschäfte sind noch nie so gut gegangen, die Operationen noch nie so ins Ungeheure ausgedehnt, so daß mir heute selbst der von Ihnen beigebrachte Verlust kaum so viel ausmacht, wie vor einem Jahre der...."

„Eben darum, eben darum: das ist eben die billige Ansicht, die Sie von der Sache haben sollten."

„Lassen Sie mich mit Ihrer billigen Ansicht in Ruhe. Was reden Sie von allgemeinem Bankerott, wenn amerikanische Staatspapiere und Eisenbahnobligationen so gut wie Gold sind, wenn ganz Europa sein Capital hier anlegt? Blos an deutschem Capital zähle ich wenigstens 100 Millionen in amerikanischen Stocks, und das ist erst der Anfang."

„Bleiben Sie bei dem stehen, was Sie eben selbst sagten, und überlegen Sie sich, wozu das führen muß. Der Credit hat alle solide Basis hinter sich zurückgelassen. Wer zehn Dollars hat, macht damit Geschäfte für hundert. Die Speculation hat lauter imaginäre Werthe geschaffen. Ich habe die Eisenbahnactien-Manie in England mitgemacht. Ich wohnte damals in London und habe die Lehre nicht vergessen. Bei uns steht die Sache in diesem Augenblicke ganz ebenso, wie in England vor dem großen Umsturz. Unsere meisten Eisenbahnen decken die laufenden Kosten nicht, unsere Banken..."

„Merkwürdig, daß Cobden, der doch auch damals in England gewesen ist, ein solch bedeutender Stockhalter in Illinois Central ist."

„Die fangen eben an, herunterzugehen, Sir. Ehe sechs Monate vorbei sind — merken Sie sich, was ich Ihnen sage — sind sie nicht mehr das Papier werth, auf welchem sie gedruckt sind. Ehe sechs Monate vorbei sind, haben wir eine Krisis, Sir, wie noch nie dagewesen ist. Eins fällt über das Andere, wie ein Kartenhaus. Ich habe auf dieses Signal gewartet, auf das erste Nachgeben in den Eisenbahnstocks, und danach auf der Stelle meine Maßregeln getroffen."

„Freilich haben Sie Ihre Maßregeln getroffen," sagte Wilhelmi, aber weniger sarcastisch als nachdenklich.

„Fassen Sie eine billige Ansicht von der Sache. Sie stehen allein; ich habe Pflichten gegen meine Familie."

Die beiden Deutschen mußten wieder lächeln; Herr Dawson bemerkte es, fuhr aber ruhig fort: „Ich sehe die Sündfluth kommen und ziehe mich auf den höchsten Berg zurück, den ich erreichen kann; die Pflicht der Selbsterhaltung gebietet es."

„Sie haben sich vielmehr eine Arche gebaut und Vorräthe eingelegt."

„Wie Sie wollen; ich rathe Ihnen nur, dasselbe zu thun. Beschränken Sie Ihre Operationen, beschränken Sie vor Allem Ihren Credit; verkaufen Sie gegen Baar oder auf möglichst kurzen Credit; trauen Sie Keinem, besonders Ihren westlichen Kunden nicht; versilbern Sie Alles, was sie an Staatspapieren, Eisenbahn-Obligationen, Bankstocks oder irgend welchen Papieren haben, importiren Sie für keinen Cent mehr, verkaufen Sie alle Wechsel Ihrer Schuldner für was sie bringen mögen, lassen Sie sich meinetwegen deshalb als bankerott verschreien. . . ."

„Still, still, so weit treiben wir's doch nicht."

„Wenn dann die Krisis ausbricht, so haben Sie baar Geld, Sir, zu einer Zeit, wo baar Geld Alles sein wird und die ganze Stadt sich Ihnen zu Füßen legt und sich Ihnen mit Leib und Seele verschreibt um einen Tropfen des Labsals aus Ihrem vollen Koffer. Herr!" rief der geniale Geschäftsmann mit einer Art Begeisterung in den Augen, „wenn Sie meinem Rathe folgen, und Sie haben vor Ende des Jahres nicht fünfmal die an mich verlorene Summe gewonnen, so zahle ich Ihnen dieselbe doppelt (dies war ganz im Geschäftston gesprochen); ich zahle meinen ganzen Notenbetrag noch einmal, als hätten Sie ihn noch gegen mich in Ihrer Casse."

„Wenn Sie Recht hätten, Herr Dawson, und ich folgte Ihrem Rathe, so hieße das wirklich mich vom Bankerott retten."

„Ich habe Ihnen meinen Rath gegeben; ob Sie ihn befolgen wollen, das ist jetzt Ihre Sache. Ich garantire Ihnen jedenfalls 90,000 Dollars, wenn Sie ihn befolgen, das ist mein Compromiß."

„Und dann liefe es am Ende noch wirklich darauf hinaus, daß ich Ihnen nicht nur zu verzeihen, sondern noch obendrein für Ihren Spaß zu danken, Sie so zu sagen als meinen Wohlthäter zu betrachten hätte."

„Jetzt kommen Sie auf die billige Ansicht von der Sache," sagte der alte Dawson mit unerwartetem Humor.

„Sagen Sie mir Eins, Herr Dawson. Behandeln Sie Ihre andern Gläubiger ebenso?"

„Freilich, Sir; es ist mir Gewissenssache. Ich muß für meine Familie sorgen, das ist die erste Pflicht; und da sich in den nächsten sechs Monaten gar keine Geschäfte machen lassen, wie ich die Conjuncturen verstehe, so..."

„Nehmen Sie Ihren Profit für die Zeit vorweg. Jetzt begreife ich."

„Das ist die billige Ansicht von der Sache; haha! Aber es soll Keiner zu kurz kommen, der kein dummer Esel ist. Ein solcher verdient nichts Besseres."

„Sie bezahlen uns mit gutem Rath."

„Der fünfmal meine Wechsel werth ist."

„Sie gewinnen dabei 50 Procent."

„Und ich lasse Euch hunderte von Procenten gewinnen. Das ist die billige Ansicht von der Sache."

„Jedenfalls ist es eine Ansicht, die der Ueberlegung werth ist."

„Das denke ich auch; Adieu!"

Man schüttelte einander freundschaftlich die Hände; Antonio blieb jetzt wieder zurück.

„Ob's dem Dawson wirklich Ernst ist?" fragte er.

„Ich glaube es, und noch mehr, ich habe starke Lust, ihm Recht zu geben. Er ist doch kein so schlechter Kerl."

„Er ist ein schlechter Kerl, aber ein bewundrungswürdiger Geschäftsmann."

„Nein, ich kann Sie versichern, er hat Religion, Gewissensscrupel."

„Er weiß, daß es sich bezahlt, gegen seine Geschäftsfreunde gewissenhaft zu sein."

„Das mag wol sein."

„Aber originell bleiben diese Yankees doch. Warum ich Sie jedoch fragen wollte: Was rathen Sie mir nach diesem Rathe Dawson's? Soll ich mit Haffner ins Geschäft gehen?"

„Ich weiß noch gar nicht, wie ich mir selbst rathen soll."

„Adieu denn, auf morgen früh."

Endlich—es war schon fünf Uhr vorbei — konnte sich jetzt Antonio nach Mulberry Street auf den Weg machen, um zu sehen, was aus der armen Frau des Franzosen geworden sei.

Neuntes Kapitel.

Der Held findet seine Schutzbefohlenen nicht mehr, wird aber durch seine Freunde an seinem Nachsteller gerächt.

*Jetzt aber hat mich so ein winziger, nichtswür-
tiger Schwächling ums Auge gebracht.*

(Hom. Od. IX.)

An der Thür der Schnapsfneipe stand Jack O'Dogherty mit seiner kurzen Pfeife in dem unrasirten Munde und schoß einen häßlichen Blick unter den Brauen hervor, welche dicht über den dunkelgrauen Augäpfeln anfingen und in zwei spitzen Büscheln, wie zwei Käferhörner, über der Nase ausliefen. An der Straße lag die zahlreiche Bevölkerung, lachend, keifend und schmauchend, unzählbare Kinder und Frauen jeden Alters, während es aus den Häusern von Unrath dampfte und zwei Drehorgeln, zur Erhöhung der geselligen Lust, sich harmonische Concurrenz machten. An der Eingangsthür standen unter andern Hausbewohnern die kleinen O'Sheas weiblichen Geschlechtes, sich um das Baby reißend, welches gegen die Umhüllung eines langen, weißen Kinderkleides, an das es nicht gewöhnt war, mit wüthendem Gestrampel und Geschrei protestirte.

Als Antonio näher hinsah, fiel ihm auch das ungeheure Schleppkleid des ältesten der beiden Mädchen auf, welchem die Aermel bis aufs Pflaster herunterhingen, während die zweite eine ebenso wenig proportionirte Ueberjacke trug. Die Muster an beiden Kleidungsstücken glichen so aufs Haar denjenigen, welche er am Dienstag für seine Neuengländerin gekauft hatte, daß es ihn beunruhigte. Er stieg rasch die Treppe hinauf und klopfte an Mrs. Grenier's Thür, erhielt aber keine Antwort. Dann an Mrs. O'Shea's, aus welcher sogleich der sonore und energische Ruf der heißblütigen Irländerin herausschallte. Sie überschüttete ihn mit einer Fluth von Bewillkommnungsgrüßen, gelegentlich durch ein unnachahmliches Trauergeheul unterbrochen, während dessen er Zeit hatte, seinen neuen Teppich auf dem Fußboden, das neue für Annie gekaufte Bett im Zustande der Verwilderung in der Ecke, und eine bunte Menge von Kleidungsstücken und Haushaltungsgeräthschaften, die alle für Annie's Gebrauch bestimmt gewesen waren, darüber ausgebreitet, in Augenschein zu nehmen.

Hier war offenbar Strandrecht geübt worden. Antonio erbleichte bei dem Gedanken, was aus der Besitzerin geworden sein könnte. „Wo ist sie?" rief er. „Wo ist sie hin?"

Ihr „Hoosband" hatte sie gestern abgeholt. Wohin, das wußte Niemand. Die Sachen — es wäre Schade gewesen, sie in dem Zimmer verfaulen zu lassen, und so hatte die Familie sich dieselben zu Gemüthe geführt. Aber was das Geld betraf, so zogen Mrs. O'Shea's Begriffe eine strenge Unterscheidungslinie zwischen dieser und jener Art Eigenthums, und sie wollte auf Heller und Pfennig Rechenschaft ablegen. Antonio ließ den Plunder zu dem andern gehen und versprach noch obendrein, fünfzig Dollars für Paddy, der ihm das Leben gerettet, in die Sparbank zu legen. Paddy kam eben dazu, wie am ersten Abend. Antonio's Hoffnung, daß der kleine Allerweltskerl über den Aufenthaltsort der Verschwundenen etwas ausgekundschaftet habe, wurde leider getäuscht. Sie hatte sich von ihrem Manne überreden lassen und hatte schweren und gerührten Herzens von der guten Irländerin Abschied genommen, mit Grüßen für Antonio, sollte er je wieder nach ihr fragen. Dieser machte sich schwere Vorwürfe. Wäre er zur rechten Zeit wieder gekommen, so hätte sie sich wol nicht ohne seinen Rath entfernt.

„Aber wie seid Ihr denn hinter den Mordanschlag gegen mich gekommen, Paddy?" fragte er diesen.

„Ja, wir aufgeklärten Amerikaner, lieber Kerl, wir fragen immer, wenn wir etwas sehen, nach der Vernunft, warum? und nach dem Zwecke, wozu? Smart muß man sein; das ist das Wort hier. Also wie ich dahinter gekommen bin, wollt Ihr wissen?"

„Ja; der Fall interessirt mich einigermaßen."

„Gut also. Wie ich zum Thee komme, so ist der Vogel ausgeflogen — armes Ding! Sagt Mutter: Paddy, sagt sie, Jack O'Dogherty (Unglück über ihn!) war all die Zeit um den Schubiak, den Frenchman, sagt sie; hat ihm Kundschaft gegeben über uns, sagt sie, und den netten Gentleman — das seid Ihr, altes Roß, — das ist der Name, unter dem Ihr bei der Alten geht. Also sag' ich: das Geschäft gefällt mir nicht, sag' ich. Der nette Gentleman wird mich himmelhoch

blasen, wenn er kommt und findet meine Pupille futsch und die Sachen
im Allgemeinen vor die Hunde gegangen. Aber was konnte ich thun,
lieber Kerl? Geschäft geht vor Vergnügen, und so muß ich nach'n
Expreß-Office zurück. 'S war 10 Minuten nach 11, wie ich auf die
City Hall-Uhr hinaufsehe und dachte: Heute Abend kannst du nach
Hause gehn. So mach' ich mich also heim, und wie ich in die Mul=
berry Street komme, und sehe das süße Licht aus McMulligan's Gin=
kneipe in der Entfernung, wie der liebliche Mond über'm Hausdach
schimmern, so sag' ich zu mir selbst: „Trinkst du 'nen Tram oder gehst
du zu Bett? Verdient hast du einen, und kein Zweifel! Da sehe ich
zwei Kerle aus McMulligan's Shop herauskommen, die gehen rasch
nach der andern Seite zu und kurz um die Ecke. Bei Jingo, sag' ich,
wenn das nicht Frenchy und Jack O'Dogherty ist; denn wie kommt
Jack mit einem anständigen Gentleman in Broadcloth zusammen, sag'
ich, wenn's nicht der Hallunke, der Frenchy ist? Immer wide awake,
immer die Augen offen, das ist das Wort, sag' ich, und hinterher. Die
gehn, um meine Pupille abzumucksen oder sonst was auf vertraulichem
Wege, ohne den City Marshall dazu einzuladen, sag' ich.

„Ich folge also immer aus der Entfernung, Broadway hinauf, bis
sie vor'm Haus stehen bleiben; da schlüpf' ich in eine Kellertreppe, das
dritte Haus davon und steck' blos die Augen vor. Frenchy geht hinein
und Jack bleibt in Hinterhalt, gerade die nächste Kellerthür neben mir.
Es war 'ne verdammte Sicht zu nahe, sag' ich Euch, und zweimal
dacht' ich sicher und gewiß, er hätte mich gesehen. Aber, wenn Du
warten kannst, denk' ich, kann ich auch warten. Aber dennoch, das
kann ich Euch sagen, die Zeit ist mir noch nie so lang vorgekommen;
ich dachte, die Sonne hätte unterdessen dreimal Zeit gehabt, aufzu=
gehen. Endlich kommt Ihr heraus mit noch 'nem Herrn, und dann
folgt Euch Jack wie ein falscher, schleichender Hund, der er ist, und
dann wußte ich, was die Glocke geschlagen hatte, und ich sah deutlich,
wie er sein Messer unter der Jacke hielt; und wie ich Euch in Clinton
Place einbiegen sehe, so sagt' ich, da thut er's, sagt' ich, und so renn'
ich durch Waverley Place und paß' an der Ecke von Green Street.
Immer wide awake, sag' ich, das ist das Wort für einen aufgeklär=
ten Irisch-Amerikaner, und so...."

„Und so habt Ihr mir das Leben gerettet. Ihr seid so smart und

aufgeklärt wie irgend ein Yankee, der je gelebt hat, und der aufge=
klärteste Zeitungsjunge in dieser aufgeklärten Generation," parodirte
Antonio halb scherzend und halb anerkennend, und das Compliment
war wahrhaftig nicht verloren; dem Kleinen leuchteten die Augen vor
befriedigtem Selbstgefühl.

„Nun," fuhr Antonio fort, „fünfzig Dollars lege ich für Euch in die
Sparbank, damit Ihr sie nicht in Gin vertrinkt, und Ihr könnt Euch
das Sparbankbuch morgen bei mir abholen," wobei er ihm seine Karte
gab, und der Junge mit den kleinen funkelnden Augen, die, wie bei
allen Irländern, unmittelbar unter den Brauen hervorbrannten (ge=
wissermaßen feuerräberten, so rastlos drehten sie sich) schlug einen Pur=
zelbaum; weniger aus Freude über das unerwartete Geschenk, als in
der speculativen Aussicht dessen, was sich damit unternehmen ließ.

„Und nun," fuhr Antonio fort, „müßt Ihr mir unter allen Umstän=
den Eure Pupille finden."

Antonio adoptirte als Diplomat den Ausdruck, womit Paddy kurz
vorher seiner eigenen Wichtigkeit geschmeichelt hatte, — „und zwar
ohne Zeitverlust, versteht Ihr? Ich muß die arme Creatur retten,
wenn sie noch zu retten ist. Ich fürchte faules Spiel."

Paddy war natürlich bereit zu spioniren, aber es war etwas Geistes=
abwesendes in seinem Versprechen. Antonio suchte das sinkende Inter=
esse durch das Versprechen einer weiteren Belohnung anzufeuern. Er
verstand jedoch den Yankee=Geist Paddy's nicht. Dieser war nicht so=
wol geldsüchtig, als erwerbssüchtig. Der Dollar, der Stein der Wei=
sen, die Wahrheit des Yankeelebens, wie überhaupt der Zeit, war ihm
nach Lessing so über Alles werth, „nicht als besitzens=, sondern als er=
strebungswürdig", nicht als Facit, sondern als Aufgabe. Wie der alte
Dawson, hätte er seine Seele dem Teufel verkauft, um eine Summe zu
gewinnen, die er am nächsten Tage auf die Straße werfen konnte.
Während Antonio noch sprach, hatte der kleine Paddy im Geiste schon
seinem gegenwärtigen Zeitungshausirhandel Valet gesagt und sich da=
für einen stehenden Platz in der Stadt ausgesucht, wo eine Zeitungs=
und Fruchtbude reüssiren mußte. Diese Pläne nahmen sein Interesse
so sehr in Anspruch, daß er zweifelte, ob eine Belohnung selbst von
einem gleich hohen Betrage ihn für die Geschäftsstörung bei seinem
projectirten Etablissement entschädigen könne.

„Nehmt Euch vor Jack O'Dogherty in Acht," sagte Paddy, als Antonio schon im Gehen begriffen war, „er hat mir eben, wie ich 'rauf kam, zugeschworen, daß er Euch die Cocosnuß aufknacken will, und er thut's."

„Es wird so schlimm nicht sein; auf offener Straße und vor so vielen Zeugen."

„Oho, Mann, da kennt Ihr die Irischen nicht. Wenn uns das Blut auf ist, so kümmern wir uns nicht einen spec, den Richter mitten in der Gerichtssitzung von seiner Bank wegzublasen."

„Und hat Jack O'Dogherty das gesagt?" rief Mrs. O'Shea aus, und ein fürchterlicher Sturm sammelte sich über ihren Augen, während sie die beiden Arme in die Seite stemmte; „und hat Jack O'Dogherty, der dreckigste, stinkigste Lumpenhund von der Welt, die Impitenz gehabt, so unrespectirlich von seines Bessern und 'nem solchen süßen und hohen Gentleman zu sprechen, der alle Tage ein irischer Lord sein könnte, ihm Manieren beizubringen? O, Jack, mein Juwel!" rief sie mit dem bösen Blick in den Augen, der bei dieser jähzornigen Race dem unmittelbaren Losbruch des Sturmes vorhergeht. „O, Jack, mein Juwel, und jetzt will ich Dir den Tag durch Deinen ekelhaften Hirnkasten hinein scheinen lassen, bei dem allmächtigen Herrn und allen gebenedeiten Heiligen, das will ich!"

Und dann stieß sie ein höllisches Gellen aus und stürzte, von ihren eigenen Worten zu rasender Wuth aufgestachelt, unaufhaltsam, mit dem geschwungenen Schüreisen in der Hand, fort durch die Thür und Hals über Kopf die Treppe hinunter. Ihr dicht auf den Fersen folgte, wieder ganz New York-irischer Straßenjunge und alle kaufmännischen Phantasiegebilde vergessend, Paddy O'Shea, ihr kleiner Kobold-Sohn, mit lautem, wildem Bindfadengeschrei, das Brodmesser um den Kopf wirbelnd, in die Luft werfend, auffangend, einen irischen Jingo die Treppe hinunter tanzend, kreiselnd und auf dem Flurabsatz ein Rad schlagend, aus purer übersprudelnder, ekstatischer Lust am Katzengefecht und Scandal. Dicht hinter ihm fuhr in unglaublicher Hetze, zweimal kopfüber, das älteste Mädchen die Treppe hinunter, mit der Kohlenschaufel in der Hand, eine zwar kurze, aber durch die schwere, scharfe Eisenkante, wenn kundig gehandhabt, gefährliche Waffe. Sie gab ihre kriegerische Begeisterung durch lange, herzzerreißende Noten im höchsten

weiblichen Discant zu erkennen. Die kleinere Schwester kam lang=
samer, aber desto beharrlicheren Schlachteifers hinterher gestiegen. Sie
hatte mit dem einen Arm ein großes Plättbrett aufgerafft, während
der andere, wie immer, unter der Last des ungeheuren Babys zitterte.
Dennoch langte sie unverhältnißmäßig schnell auf dem Kriegsschau=
platze an, besonders, wenn man bedenkt, daß sie zwei Mal auf dem
Wege stehen bleiben mußte, um schreien zu können. Im Gehen ging
es unter der schweren Last nicht, und geschrieen mußte doch werden.

Das Baby hatte diesmal nur einen blechernen Suppenlöffel, schien
aber, nach den selbst über seine Gewohnheit energischen Wuthbezeigun=
gen der Stimme, Arme und Beine, mit Verständniß in den Geist der
Handlung einzugehen. Langsam brachte die alte Grandmither mit
ihrer Toastgabel den Nachtrab auf. Die Hitze von neunzig Sommern,
beim glühenden Kochofen, hatte ihr nicht das Mark aus den alten cel=
tischen Heldenknochen so gänzlich ausgedörrt oder ihr Gehirn so afficirt,
um sie taub gegen den Ruf der Ehre zu machen. So wurde einer der
in den Annalen der Geschichte von Mulberry Street zwar nicht seltenen,
aber glorreichsten Ausfälle auf einen überlegenen Feind gemacht, über=
legen zwar nicht an Zahl, aber an Kriegserfahrung, wie an allen Mit=
teln der modernen Kriegführung. Jack stand wirklich unten an der
Thür mit einem einläufigen Terzerol in der Hand, so ein Ding, das
man für ein paar Schillinge kaufen kann, das aber nichtsdestoweniger
im Stande ist, den größten Geist mitten in dem erhabensten Fluge
seiner Pläne mit gebrochenen Flügeln in den Staub zu legen. Er
hatte sich öffentlich drei Mal vermessen, ein Mal auf der Straße, ein
Mal gegen Paddy und das letzte Mal in der Kneipe, wo er die Pistole
von einem Schwiemel daselbst lieh, er wolle dem verdammten Dutch=
man ein Loch in die Cocosnuß machen, er wolle das Tageslicht in ihn
hineinscheinen lassen und er wolle ihn niederschießen wie einen Hund.
Da diese drei Redefiguren nur verschiedene poetische Versetzungen des=
selben Gedankens waren, und da Jack im Einverständniß mit seiner
drei Mal abgegebenen feindlichen Erklärung mit der Pistole in der
Hand Posto am Eingange gefaßt hatte, so war schwer zu sehen, wie
unser Held und Landsmann anders aus dem Hause kommen konnte,
als der Fuchs aus dem Thurm in dem berühmten Räthsel, wo ein Jä=
ger mit gespannter Büchse und zwei Hunden vor dem einzigen Loch,

welches der eigens zu dem Zweck erbaute Thurm aufzuweisen hatte, auf der Lauer stand, — wenn nicht der Clan O'Shea als Werkzeug in der Hand der Vorsehung Jack O'Dogherty einen Schlag mit dem Poker über den Kopf versetzt hätte, welcher ihm zwar seine Cocosnuß nicht ganz aufknackte, ihn aber doch bewußtlos zu Boden streckte. — Er raffte sich jedoch bald wieder auf und taumelte vorwärts, um sich womöglich zu vertheidigen, als Paddy O'Shea sich die Gelegenheit ersah, das Experiment zu machen, ob man mit einem Brodmesser wol einem zähhäutigen Landsmann ein Loch in den Bauch stoßen und dadurch wirklich, nach der beliebten Redensart Jack's, das Tageslicht hineinscheinen lassen könnte. Der Leser erinnert sich noch, daß es Paddy als seine Lebensaufgabe erkannte, die Aufklärung zu verfechten. Dieser Stoß in den Unterleib hatte den günstigen Effect, daß er durch Zusammenziehung der Bauchmuskeln den Kopf Jack O'Dogherty's, der auf den ersten Schlag mit dem Poker eine Tendenz zum Rückfall gezeigt hatte, wieder vorwärts brachte, in Einklang mit Paddy's Fortschrittsprincipien. Zugleich brachte der lebhafte Reiz mit dem spitzen Instrument ihm das Bewußtsein vollends zurück.

Ehe er aber dessen froh werden konnte, hatte ihm die kleine Maggie, die eben von oben angelangt war, von der zweiten Treppenstufe springend, mit der scharfen Kante ihrer Kohlenschaufel einen Schlag ins Genick versetzt, welcher das eben hergestellte Gleichgewicht in einen radicalen, sich überstürzenden Fortschritt verwandelte, und zwar so, daß Jack kopfüber in die Gosse stürzte und sich darin umwälzte.

Den Vortheil dieser hülflosen Lage erspähend, warf ihm die eben angelangte kleine Ellen zunächst das Baby ins Gesicht, einen, wie sie aus eigener Erfahrung wußte, nicht zu verachtenden Gegner, der auch sogleich anfing mit seinem scharfen zinnernen Löffelstiel auf das Gesicht des hingestreckten Gladiators loszuhacken. Bei dieser neuen Mißhandlung verließ denselben das männliche Herz, welches ihn bis dahin das Unvermeidliche schweigend hinnehmen gelehrt; sich unbezähmbarem Schmerze überlassend, brach er, unbekümmert um das Gelächter der dicht gedrängten Menge, in ein unaufhaltsames Gebrüll aus, in eben dem Augenblick, wo die kleine Ellen ihm das Plättbrett mit der ihrer Flanellbekleidung entblößten hölzernen Spitze zwischen die Beine rannte. Weithin erschallte das Brüllen des gepeinigten Mannes.

Mit dem bedächtigen Schritte des Alters, aber das Feuer jugendlicher Kampflust in den Blicken, machte sich jetzt die gerunzelte Grandmither an den gefallenen Helden und „polte" ihm, in seltener Vereinigung jener Bedächtigkeit und dieses Feuers, mit ihrer vierzackigen Toastgabel nach dem Lichte der Augen. Ulysses' chirurgische Operation an dem einen Auge des ungastlichen Sohnes Poseidon's gelang ihm nicht vollkommener, als der erste wohlgezielte Stoß nach dem rechten Auge des mordsüchtigen Jack O'Dogherty der gerunzelten Grandmither gelang, noch brüllte Polyphemos wüthender vor Schmerz als Jack O'Dogherty jetzt brüllte, wie ihm das Auge auf's Pflaster floß. Er sprang auf die Füße.

Ein neuer Schlag von Bridget O'Shea's Schüreisen streckte ihn wieder zu Boden. Alles dies war das Werk einer Minute gewesen. Bridget, wie sie den Feind heulend und hilflos in der Gosse liegen sah, ergriff jetzt das daneben liegende, hülflos schreiende Baby, gab der kleinen Ellen eine handgreifliche Lection für die Vernachlässigung ihrer Ammenpflichten und trat, von der Kinder Heldenschaar umgeben, den triumphirenden Rückzug ins Quartier an.

Unterdessen hatte das gräßliche Heulen des geschlagenen Unthiers endlich die Polizei auf den Platz gebracht, welche, da Gefahr und Kampf vorüber, keinen Grund mehr sah, sich nicht einzumischen. Sie ertappten die alte Grandmither, welche mit der zähen Anhänglichkeit des Alters an liebgewordene Genüsse sich mit ihrer Gabel Zugang zu dem andern Auge zu bahnen suchte. Die Grandmither wurde daher, als in flagranti delictu attrapirt, in Gewahrsam gebracht, trotz der leidenschaftlichen Protestationen von Seiten der zurückgerufenen Familie, welche, ihr als Bedeckung folgend und ihrerseits umgeben von einem aufgeregten Schwarme von Kindern, Weibern und Loafers, die Luft mit ihren Klagen über die Ungerechtigkeit der Behörden, die Unterdrückung armer Irländer und die Tyrannei der Männer gegen hülflose alte Weiber erfüllte. Das Publicum neigte sich durchaus dieser Auffassung zu und schrie ein Mal über das andere: "shame, shame!" Der Weiberrechts-Association diente dieser Fall bei ihrer nächsten Sitzung zum fruchtbaren Thema beredter Ergießungen über den brutalen Mißbrauch physischer Uebermacht am zarten Geschlechte.

Bei dem Verhöre wollte es der Grandmither, welche mehrere Male in Irland bei Mord- und Todtschlagsprocessen als Zeugin vorgewesen war, zuerst durchaus nicht in den Kopf, daß ein Mann ohne rothen Rock und Allongenperrücke als Richter fungiren könne. Sie war geneigt, diesen Mangel an Form für eine gegen sie persönlich gerichtete gesellschaftliche Rücksichtslosigkeit aufzunehmen und antwortete daher dem Richter auf seine erste Anrede, ihren Gefühlen entsprechend, damit, daß sie den Daumen der rechten nach oben gespreizten Hand an die Nasenspitze legte, während die übrigen vier Finger Clavierbewegungen in der Luft machten. Als es endlich den vereinigten Bemühungen Bridget's und Paddy's gelungen war, sie zu überzeugen, daß kein absichtlicher Insult gegen sie vorliege, und daß si. dem Herrn auf dem Hochsitze ebenso viel Respect schuldig sei wie einem Mylord-Judge, so fragte sie der Richter wohlmeinend, um ihr .... .ogie zu erleichtern: „Ihr habt keine Beleidigung des Gerichtshofes beabsichtigt, nicht wahr?"

„Yes, Mylord," antwortete die taube Alte, „nach bestem Wissen und Gewissen."

Dies war die Phrase, womit sie sich bei allen Verhören in Irland stets erfolgreich durchgelogen, ohne in die Gefahr des Meineids zu verfallen, und, welche Fragen man ihr auch stellen mochte, sie blieb bei diesem probatum est: „Yes, Mylord, nach bestem Wissen und Gewissen."

Jack O'Dogherty wurde in das Hospital gebracht, welches er erst nach drei Monaten, auf einem Auge blind, wieder verließ.

Zehntes Kapitel.

Mary Dawson erhält am Abend eine Mittheilung, die, denselben Morgen entgegengenommen, großes Unheil hätte verhüten können.

Augustus Dawson also fühlte den Don Juan oder sonst einen ähnlichen Helden in sich und ging auf dem Broadway spazieren, um ihn loszulassen. Er machte zum zwanzigsten Male in seinem Leben die Erfahrung, daß die interessanten Abenteuer nicht auf der Straße zu finden sind. Allein dieses Mal gab er es nicht wie neunzehn andere Male wieder auf, sondern ging, um sich bei einer Astrologin Raths zu erholen. Nach kurzer Ueberlegung wandte er, unter der reichen Auswahl, welche ihm der Herald und andere Organe der geheimen Wissenschaften des Jahrhunderts boten, seine Kundschaft der berühmten Madame Pustell zu. Diese Dame hatte sich in früheren Zeiten in dem eben erwähnten Journal als „größtes Weltwunder" angezeigt, und ihren „Rath bei allen Gelegenheiten des menschlichen Lebens, als da sind Processe, Reisen, Trennungen, Liebe, Freien, Heirathen, Gesundheit, Reichthum, langes Leben &c. &c. für 50 Cents" feilgeboten. Sie konnte dies um so eher, als sie damals „die siebente Tochter einer siebenten Tochter" war und sich im Besitze des „wahren römischen und arabischen Talismans" befand, welcher seinem Käufer Glück in der Liebe, Glück in Geschäften, Glück in der Aemterjägerei, kurz Glück in allen Unternehmungen sichert. Zum Ueberfluß gab sie Lotterie- und andern Spielern noch die Glückszahl an. Auf diese Weise hatte Madame Pustell durch langjährige, treue Ausübung ihrer selbstgewählten Pflichten in einem stillen, aber ausgedehnten Kreise die Segnungen ihrer Wirksamkeit im reichsten Maße geerntet. Sie war, reich und geehrt, zu vornehm geworden, zu begründeten Rufes, um noch in den Zeitungen ihren Namen dem Publicum zum Besten zu geben. Sie brauchte es nicht länger zu rufen, es kam von selbst. In dem Bekanntenkreise des jungen Swell war die Dame als Helferin in der Noth gesucht, da ihr Haus heimlichen Wöchnerinnen zur gastfreundlichen Zuflucht diente. Sie hatte mehrere Häuser, zu verschiedenen, mit derartiger Gastfreundlichkeit in näherer oder entfernterer Beziehung stehenden Zwecken. Ihre Verbindungen mit der höchsten Gesellschaft hatten sie wiederholt vor gerichtlicher Verfolgung geschützt, da zu Viele dabei compromittirt worden wären.

Zu dieser Dame lenkte nun der junge Dauby seine Schritte. Sie antwortete ihm in ihrer vertraulichen, trostreichen Weise, sie habe eine rare Schönheit auf dem Lager, er müsse aber etwas dran wenden. „Darauf," meinte er in seinem dummen Verschwenderdünkel, „käme es ihm nicht an." Sie wurden leicht handelseinig.

Unterdessen war die Zeit vergangen. Augustus hatte bei der Trauung zu sein, wollte aber etwas nach fünf Uhr wieder bei Madame Pustell eintreffen.

Als es um sechs Uhr in Dawson's Hause zum Diner läutete, war der junge Herr nicht dabei. Das war eben nichts Ungewöhnliches, und er in der Gesellschaft überhaupt das fünfte Rad am Wagen, so daß er nicht weiter vermißt wurde. Was die anwesenden Familienglieder betrifft, so war Herr Dawson heute außerordentlich gut aufgelegt. Er hatte sein Schäfchen ins Trockene gebracht, sich mit den Geprellten wieder freundschaftlich verständigt, und sah die Straße zu Millionen offen und eben vor sich — „in seinem eigenen Rechte"; denn seiner Frau Vermögen war derselben unantastbar gesichert und wurde übrigens vom Publicum bedeutend überschätzt. Diese, welche überhaupt die liebenswürdigste Gesellschafterin war, hatte ihre Müdigkeit von der gestrigen Repräsentation her durch Visiten und Ladenlaufen überwunden, und sich nichts als die schönsten Sachen über ihre brillante Fete sagen lassen. Mary endlich war, wie gewöhnlich, eine halbe Stunde vor dem Essen von ihrer Promenade zurückgekommen, hatte aber etwas Mildes und Feierliches in ihrem Wesen, was an ihr durchaus nicht gewöhnlich war. Ihre Wangen waren festlich geröthet; sie schien größer und gereifter. Die Eltern machten über diese Veränderung in der Erscheinung des jungen Mädchens zwar keine bewußten Reflexionen, aber dieselbe machte sich still geltend und verbreitete ein Gefühl der Wärme, eine gehobene Stimmung, wie sie in diesem Kreise etwas nie Erfahrenes war.

Der Alte hielt ein Glas Sherry schmeckend vor die Augen und ließ die dunkle Flüssigkeit warm im doppelten Lichte des Gases und Kaminfeuers funkeln.

„Wohin gehen wir diesen Sommer, Mrs. Dawson?" fragte er; „es ist Zeit, sich einen Plan zu machen."

„Was denken Sie, Miß Dawson?" wandte sich die Gefragte angenehm an ihre Tochter.

„Nach Paris," antwortete diese, ohne sich einen Augenblick zu besinnen. „Lieber Pa, lassen Sie uns nach Paris gehen!"

„Nach Paris denn soll's sein," stimmte der Alte gemüthlich zu.

„Glauben Sie, diese Reisen ins Ausland führen zu etwas?" fragte die Mutter. Sie meinte mit Bezug auf einen Mann für ihre Tochter. Beide verstanden die Frage.

„Wir könnten jetzt jeden Tag einen russischen Prinzen oder englischen Lord für Miß Dawson haben," sagte der Alte im Bewußtsein seiner financiellen Erhebung.

„Oder einen französischen Grafen —" warf Mrs. Dawson halb neckend ein.

Mary horchte fieberhaft gespannt auf die Antwort ihres Vaters.

„Apropos! Wegen dieses französischen Grafen," bemerkte dieser gleichgültig, „so ist es Zeit, mit der Bekanntschaft ein Ende zu machen."

Mary stockte das Blut auf dem Wege zum Herzen; sie faßte sich jedoch und fragte mit unsicherer Stimme:

„Wie so, Pa?"

Mrs. Dawson that dieselbe Frage zu gleicher Zeit.

„Er ist gar kein Graf," fuhr Herr Dawson unbekümmert fort; „aber da er nun einmal unter diesem Character bei uns ein- und ausgegangen ist, so brauchen Sie das nicht an die große Glocke zu hängen."

„Und was ist er denn?" fragte Mrs. Dawson ganz überrascht.

„Sicherlich, Vater, das ist eine falsche Nachricht," erklärte Mary, deren Lebensgeister sich stark zur Vertheidigung ihres Gemahls erhoben, mit einer Art Hohn.

„Er ist ein ganz gewöhnlicher Phantasie-Mann," erwiderte Herr Dawson auf die Frage seiner Frau.

„Es ist eine schändliche Verleumdung," rief Miß Dawson heftig, „wo Sie's auch her haben mögen."

„Ich bitte Sie, ums Himmels willen," antwortete Mrs. Dawson

ungläubig ihrem Gemahl; „ein Gentleman, der ein so reines Französisch spricht!"

„Sein wahrer Name," fuhr Herr Dawson fort, ohne sich stören zu lassen, „ist Grenier — wenigstens war das sein letzter. Er war zuletzt Commis bei M. S. Clafflin und Söhne in Lowell — ich habe mich bei deren Agenten selbst darüber erkundigt, welcher ihn kennt — und er hat dort ein Fabrikmädchen geheirathet, das er schändlich verlassen hat."

„Was ist Ihnen, Miß Dawson?" fragte ihre Mutter. „Ihnen wird übel?"

„Nichts, Mutter," antwortete das junge Mädchen kurz, mit erzwungener Fassung. Sie war so weiß, wie ihre Serviette.

Der Alte warf seiner Tochter einen forschenden Blick zu, die Mutter ebenfalls. Sie sagten jedoch nichts weiter. Der Graf war Mary's anerkannter Königstiger gewesen, sie war mit dem Triumph über so viele Nebenbuhlerinnen, die sich um ihn rissen, aus der Schule in die Gesellschaft getreten, „herausgekommen", wie der Kunstausdruck lautet. Jetzt war es ein vagabondirender Handlungsdiener, den sie davon getragen hatte. Es bedurfte keiner weitern Erklärung, um ihre Aufregung natürlich zu finden. Der Gedanke an das, was man eine Leidenschaft nennt, lag überhaupt außerhalb des Gefühlskreises der beiden Eltern.

Aber die schöne Stimmung, in welcher sie den Abend angefangen hatten, war nun dahin, und der übrige Theil des Diners schleppte sich in gezwungener Unterhaltung fort, woran Miß Dawson keinen Antheil mehr nahm. Einmal suchte sie sich dazu zu zwingen, aber es war ein so erfolgloser Versuch, daß sie ihn nicht wiederholte.

Sie waren noch nicht von Tische aufgestanden, als die Thürklingel ging. Mary wußte, wer es war, verrieth sich aber durch keine Bewegung. Pompey brachte ihr des Grafen Karte auf dem Präsentirteller.

„Der Graf?" fragte Mrs. Dawson.

„Ich will ihn doch darauf ansehen," sagte Miß Dawson und stand auf.

„Nur keine Gelegenheit zu einer Erklärungsscene gegeben, Miß Dawson," ermahnte der Alte.

„Seien Sie lieber einfach nicht zu sprechen, Mary," rief ihr die

Mutter nach. Sie wußte nicht, wie unausführbar dieser Rath seit
drei Stunden geworden war.

Das junge Mädchen blieb einen Augenblick in der Halle vor der
Thür des Empfangszimmers stehen, um ihr wildes Herzklopfen zu be=
zwingen. Dann öffnete sie.

Monsieur de Roussillon kam seiner Neuangetrauten mit strahlender
Bräutigamsmiene entgegen. Er sollte sie, der Verabredung gemäß,
zur Oper begleiten. Er hatte im Geheimen seine Anstalten getroffen,
um bei dieser Gelegenheit der priesterlichen Ceremonie die Krone der
Vermählung aufzusetzen.

Ein Blick auf die Eintretende überzeugte ihn, dessen böses Gewissen
immer auf der Lauer lag, daß Alles verrathen sei.

Verrathen — aber nicht verloren. Als Spieler von Profession
konnte er wol einmal auf einer falschen Volte ertappt werden, aber auf
einem Geständniß — niemals!

„Mary," kam er ihr zärtlich entgegen, „theure Gattin, was bedeutet
diese Wolke auf Ihrer himmlischen Stirn?"

Das Mädchen hatte sich bisher immer an dieser Schattenspielerei
des Gefühls entzückt, da sie dieselbe von ihrer französischen Lectüre her
mit unbestimmten Ideen von höfischem Glanz, heroischer Liebe und er=
schütternden Catastrophen in Verbindung brachte. Es waren eben
diese Phrasen in eben dieser Sprache, wodurch sie sich in die Heldinrolle
hatte hineinphantasiren lassen. Zum ersten Mal empfand sie jetzt, der
kalten Wirklichkeit gegenüber, das Fratzenhafte solcher dressirten Ge=
fühlsergießungen.

„Sie heißen Grenier?" fragte sie brüsk.

„Ah!" rief er, auf Alles im Voraus gefaßt, mit dem Ausdruck
edler Entrüstung; „also das ist's! Also das machen Sie, Sie mir
zum Verbrechen, daß ich, meinen Ahnenstolz bei Seite legend, mich
unter dem Noturiernamen barg, um das Brod der Verbannung als
ehrlicher Mann zu essen! Madame!" fuhr er mit hohler Stimme, un=
tergeschlagenen Armen, düster die Erde durchbohrendem Blicke fort:
„Madame! Es gibt Conflicte im Leben; meinen Ahnen war ich ihren
Namen schuldig, mir selbst ein vorwurfsfreies Leben. Ja, Madame,
ich gestehe es, ich habe den Namen Grenier angenommen; ich habe mir
meinen Lebensunterhalt durch Arbeit verdient; ich bin Commis ge=

wesen. Habe ich mich dadurch meines Namens und Ranges unwürdig gemacht? Hat die Arbeit Gaston von Roussillon's Hand so tief geschwärzt, daß er fürchten muß, diejenige seiner Gattin durch ihre Berührung zu besudeln? Nein, Mary," — hier zitterte seine Stimme, — „nein! durch den bloßen Verdacht würde ich Ihr Herz verleumden. Ich werde es niemals! Je ne le ferai jamais!" schloß er apodictisch.

Es liegt so viel falsches Pathos und Selbstbespiegelung in dem französischen Ausdruck, selbst bei unbefangenen und ehrlichen Leuten, daß man nicht immer sicher geht, wenn man bei einem Franzosen schon deswegen auf eine Lüge schließen will, weil man ihn Comödie spielen sieht. Napoleon der Große führte alle seine Haupt- und Staatsactionen als Comödiant durch, ohne daß es darum weniger Haupt- und Staatsactionen waren. Aber Mary war jetzt, wo ein Lichtstrahl der Wahrheit den Nebel kindischer Illusionen einmal durchbrochen hatte, geneigt, ins andere Extrem zu verfallen, wie es mit unsern Neigungen und Abneigungen gerade in jenem Alter zu gehen pflegt, wo die Reaction gegen enttäuschten Enthusiasmus nur zu oft als Beize für das ganze übrige Leben ins Blut zurückschlägt. Dazu war aber Mary Dawson auch noch Amerikanerin. Die Amerikaner stehen in dem Ruf, eine Manie für Illusionen zu haben. Sie lassen sich auch wirklich von jedem Charlatan mit offnen Augen am Narrenseil herumführen, aber, wohl gemerkt! mit offnen Augen! Der Amerikaner ergibt sich der Illusion zur Erholung, dem Enthusiasmus als Luxus. Allein bei der leisesten Warnung ernsthaftesten Interesses erhebt sich der Instinct der Selbsterhaltung; kalter Verstand, spähendes Mißtrauen, unerbittliche Logik in der Erspähung und Verfolgung des eignen Vortheils verdrängen im Nu jede Spur der gehätschelten Täuschung, und das eben noch gefeierte Idol liegt verhöhnt, in Stücke zerschlagen, zu Staub zermalmt, am Fuße seines Altars.

So verfolgte jetzt die junge Amerikanerin mit unerbittlicher Energie ihren feindlichen Gedanken, ohne sich von der wohlstudirten Tactik des Abenteurers im Geringsten beirren zu lassen.

„Und welchen von Ihren verschiedenen Namen trägt denn die Frau," entgegnete sie kalt, „die Sie in Lowell geheirathet und verlassen haben?"

„Das ist eine infame Verleumdung!" rief der Abenteurer. „Ich verlange, daß man mir meinen Ankläger confrontire! Ich verlange, daß man mir das verworfene Geschöpf confrontire, welches sich eines legitimen Anspruchs auf den Namen und die Hand des Grafen Roussillon rühmt! Ich verlange Gerechtigkeit, Madame, und ich werde sie finden, sollte ich sie auch vor den Gerichten suchen müssen!"

Die Drohung ward gewürdigt. Aber ein Gefühl unbeschreiblicher Empörung über die niederträchtige Andeutung erstickte jeden Gedanken an Furcht in der Bedrohten.

„Die Confrontation, die Sie verlangen, soll Ihnen werden," sagte sie noch immer im Tone kalten, stillen Hohnes, aber es zitterte etwas dahinter wie das unterirdische Rollen eines Vulcans. Sie wollte gehen.

„Hören Sie mich, Madame!" trat ihr der verschmähte Gemahl noch einmal melodramatisch in den Weg, „es ist das letzte Wort, das ich Ihnen zu sagen habe. S i e kostet es nichts, das eben gewählte Spielzeug unter die Füße zu werfen und zu zertreten. Aber ich kann ohne Dich nicht leben, Mary, ich kann's nicht! Du bist mein! Das Band, welches uns verbindet, ist unauflöslich. Ich kenne meine Pflicht; ich weiß, was ich mir, was ich Ihnen selbst, was ich Ihrer einst erwachenden Reue schuldig bin. Meine Rechte auf Sie —"

„Hinweg! Aus dem Wege, Elender, Ungeheuer! Lassen Sie mich vorbei!" schrie das Mädchen, jetzt außer sich, und stürzte an ihm vorbei, zur Thür hinaus. „Die Gattin dieses Menschen. In seiner gesetzmäßigen Gewalt!" rief es in ihr mit Schrecken. Von allen Furien verfolgt, stürzte sie durch die Halle zur Treppe hinauf. Beim Eintritt in ihr Schlafzimmer fiel sie mit dem Gesicht auf den Boden.

Ihr Mann — denn das war er seit drei Stunden vor dem Gesetz — sah sie zähneknirschend entfliehen. Dann bewerkstelligte er seine Entfernung geräuschlos und unbemerkt.

„Der Graf macht eine lange Visite," bemerkte Mrs. Dawson, nachdem das Tischtuch abgenommen und das Desert aufgetragen war. „Ich werde den Thee hier herein bringen lassen."

„Thun Sie das, und lassen Sie Miß Dawson zum Thee abrufen; es nimmt sonst kein Ende."

„Es ist noch die Frage, ob er den Wink auch verstehen wird," erwiderte die Dame, der es jetzt auf einmal klar wurde, daß der Graf eigentlich der unverschämteste, unmanierlichste Mensch war, der sich je in gute Gesellschaft gedrängt. Aber darin hatte bisher gerade seine Vornehmheit bestanden, daß er Jedermann von oben herab behandelte, und auf gar nichts Rücksicht nahm, als auf sich selbst.

Der Thee kam; aber Pompey kehrte aus dem Parlor mit der Nachricht zurück, es sei Niemand da. Die Kammerjungfer wurde hinaufgeschickt. Das Fräulein war unpäßlich und hatte sich zu Bett gelegt.

Getäuschte Liebe war es sicherlich nicht, was Mary Dawson aufs Lager geworfen hatte.

Das Herz hatte an ihrem ersten Roman keinen Antheil, sondern nur die Schulmädchenromantik. Der Lebenssaft war noch nicht in das eigentliche Frühlingsstadium der Circulation getreten, wo ein kalter Frost dem Leben zarter, junger Pflanzen so verderblich wird. Aber er war dennoch eben im Begriff durchzubrechen. Der Gegenstand ließ sich wol aus dem Herzen reißen, ohne eine einzige Faser mitzuziehen; aber nichtsdestoweniger war das Kind an diesem Tage durch jene Phase der Existenz gegangen, wo die Seele des Weibes „in allen Lebenstiefen zittert" und vor der himmlisch jauchzenden Angst des bevorstehenden Opfers selbst das Bild der empfangenden Gottheit erbleicht.

Ueber den ersten, gefährlichsten Paroxismus halfen dem jungen Wesen Entrüstung und Abscheu, unbändiger Stolz, und vor Allem das triumphirende Bewußtsein hinweg, daß sie dem Gräßlichsten dennoch entronnen sei. Sie war dem Elenden verschrieben, aber nicht ausgeliefert; sie war ihm angetraut, aber nicht vermählt — nimmermehr!

Da Miß Dawson den nächsten Morgen nicht zum Frühstück kam, so ging ihre Mutter hinauf, um zu sehen, was es gebe.

Sie fand das junge Mädchen im festen Schlafe. Aber welcher Anblick! In der fest heraufgezogenen zierlichen Unterlippe lag bitterer Haß, in den zusammengezogenen Brauen nagende Sorge, in den offenen Nasenlöchern trotziger Kampf, in der ans Herz gepreßten Hand zurückgestaute Pein. Die wunderbar reinen Umrisse der Züge des Mädchens schienen unter diesen gewaltsamen Verschiebungen erst recht ihren unzerstörbaren Zauber zu behaupten. Wange und Kinn, Kopf und Schultern waren kindlich zart gerundet, aber Todtenblässe lag darüber ausgebreitet. Es war ein Anblick zum Lächeln und zum

Weinen, diese Spuren eines furchtbaren Sturmes auf einem Veilchen=
beet, eines wüthenden Kampfes, den ein beherztes Lämmchen gegen
irgend welchen Gegner geführt. Ein Gefühl unendlichen Mitleids
überkam das Mutterherz, eine neue Regung der so selbstständigen und,
wie alle Mitglieder der Familie, innerlich isolirten Tochter gegenüber.
Sie drückte einen Kuß auf den zusammengepreßten Mund, und —
schickte zum Doctor.

Als Augustus — er kam, wie gewöhnlich, eine Stunde später zum
Frühstück — erfuhr, daß seine Schwester noch schlief und den Doctor
brauchte, so ging er aus, ohne sie gesehen zu haben. Er war von
Geschäften äußerster Wichtigkeit in Anspruch genommen.

Der Doctor wurde allerdings von der Patientin nicht vorgelassen,
mußte aber am späten Abend zum zweiten Male gerufen werden, da
dieselbe delirirte; „Biliöse Unordnung mit hinzugetretener Erkältung,"
lautete das ärztliche Verdict. Die Behandlung konnte trotzdem nicht
zutreffender sein, da sie die Lebensgeister und Nerventhätigkeit so viel
wie möglich herunterstimmte. In einer Woche ging Miß Dawson
schon wieder aus. Sie wollte nicht krank sein. Allein unterdessen
hatte sie ihren Bruder nicht ein einziges Mal gesehen, und als sie ihn
endlich wiedersah, vermieden Beide, Jedes aus eigenen Gründen, den
Namen des Grafen auszusprechen.

Elftes Kapitel.
Die Krisis. Herr Dawson als Bär.

> "The ways to enrich are many and most of them foul." (Old Lord Bacon.)
>
> "And certainly there be not two more fortunate properties, than to have a little of the fool and not too much of the honest." (Ib.)

Es war in der dritten Woche des Monats August, noch nicht ganz fünf Monate nach jenem Gespräch zwischen Herrn Dawson und Wilhelmi. Dieser hatte den Rath des Amerikaners weder ganz befolgt, noch ganz bei Seite liegen lassen. Das Raisonnement hatte ihm schon damals eingeleuchtet; doch war er eines Theils mit seinen Arrangements für die Saison schon zu weit vorgeschritten, anderen Theils ließen die anscheinend wirklich blühenden Geschäftsverhältnisse den Gedanken an eine schnell herannahende Krisis doch allmählig mehr in den Hintergrund treten und stumpften die von Dawson erregten Bedenken bis zu einem gewissen Grade ab. Hauptsächlich aber war es gegen seinen Character, seine commerciellen Inspirationen anders, als aus sich selbst zu nehmen; dagegen hinderte ihn nichts, sich die Prophezeihung des Letzteren als Warnung zur Vorsicht dienen zu lassen, und die guten Folgen derselben zeigten sich jetzt. Wie das baare Geld um die Mitte August rar und rarer wurde, so hatte er an das Haus Schröter & Comp. in Frankfurt um eine Aushülfe von 10,000 Dollars geschrieben. Das war auch später nach Ausbruch des panischen Schreckens Alles, dessen er benöthigt war, um von dem New Yorker Haus jeden Gedanken an Gefahr abzuwenden. Nur mußte das Geld im regelmäßigen Postverlauf eingehen; und daran schien kein Zweifel.

An demselben Tage und in derselben Stunde, als der betreffende Brief nach Frankfurt auf die Post spedirt wurde, besuchte Herr Dawson seinen gewöhnlichen Lunch=Saloon in der Nähe der Börse, weniger, um zu frühstücken, als weil dort die Geldmänner einzutreten pflegten; denn seitdem Herr Dawson sich von Geschäften zurückgezogen, machte er, wie das in einer solchen Lage gewöhnlich ist, gewissermaßen „privatim" und „auf unostentatiöse Weise" in Stocks.

In diesem Frühstückslocale hatte seit einigen Monaten ein junger Bursche einen Zeitungs= und Cigarrenstand aufgeschlagen. Da er gewandt und impertinent, daneben aber zuvorkommend und witzig war, so wurde er in kurzer Zeit der Liebling aller Gäste. Ob er diese ausholte, oder ob er andere Mittel der Spionage anwendete, kurz, es gab bald keinen bedeutenderen Geldmann mehr, in dessen Verhältnisse er nicht von A bis Z eingeweiht gewesen wäre.

„Wissen ist Macht", sagte der Vater der Nationalökonomie. Es konnte nicht fehlen, daß man sich dann und wann an den kleinen Zeitungskobold wandte, um von ihm Aufklärung über die Zuverlässigkeit oder die Operationen dieses oder jenes Mannes zu erhalten. Der Kleine aber, dessen berechnendes Auge und durchwalkte Züge nicht weniger gegen seine unentwickelten Gliedmaßen abstachen, als seine Wichtigkeit unter den Geschäftsleuten mit seinem armseligen Etablissement auf einem hölzernen Brett, benahm sich in solchen Fällen stets sehr discret und Keiner konnte ihm nachsagen, daß er sich zum Spion hergegeben habe. Das erhöhte aber nur seine Wichtigkeit und das Verlangen, sich seine Winke zu Nutzen zu machen.

Sein besonderer Freund war ein Geldmakler, Namens Simson Scraper, ein baumhoher Mann, dessen lange Fuchsnase und lebhafte kleine, blaue Augen in keinem andern Lande aus einer so jovialbäuchigen und bärtigen Natur hätten hervorwachsen können, als in Amerika, wo der Character der Geschäftsschlauheit oder des Unternehmungsgeistes alle Typen nach sich ummodelt. Simson Scraper war, im Einklang mit seiner Physiognomie, eine joviale Canaille, übrigens notorisch insolvent, was ihn nicht verhinderte, ein großes Haus in der Fünften Avenue zu bewohnen und von dort aus jeden Morgen triumphirend auf dem Hochsitze eines superben Tilbury mit einem „Tiger" an der Seite nach seiner Office zu fahren. Was ihn zum Theil hielt, war politischer Einfluß, da er ein unermüdlicher und sehr einflußreicher Drahtzieher bei seiner Partei war.

Auf diesen Mann nun hatte Herr Dawson schon seit einiger Zeit ein Auge geworfen, um ihn als Gehülfen bei seinen Operationen zu zu benutzen. Allein der Millionär hatte seine Gründe, ihm nicht seinen

Namen bei den projectirten Operationen anzuvertrauen. Die Vertraulichkeit zwischen dem kleinen Zeitungshändler und dem Broker war ihm schon wiederholt aufgefallen. Der Junge hatte ihm immer imponirt, und mit der ihm eigenen radicalen Vorurtheilslosigkeit in Geldsachen, beschloß er kurz und gut, ihn als Mittelsmann zu verwenden.

"I suppose," redete er ihn an, indem er ihm eine Zeitung abnahm, „Ihr habt nichts dagegen, einen ehrlichen Pfennig umzudrehen, he?"

"I suppose, Ihr habt was dagegen! Ihr seht mir gerade danach aus, alter Mann," war die ironische Antwort.

„Ihr steht auf gutem Fuß mit Mr. Scraper," fing der Kaufmann von einer andern Seite den Angriff an.

"Well, I guess, so lange ich ihm nichts verkaufe, als eine Zeitung für zwei Cents, wird es zu keinen gesetzlichen Schwierigkeiten zwischen uns kommen."

Die Antwort gefiel dem Speculanten noch besser wegen der Personalkenntniß, welche sie verrieth, als die erste wegen ihrer Impertinenz.

„Ihr seid mein Mann," sagte er beifällig lächelnd, „und Ihr könnt eine hübsche Summe machen, wenn Ihr ein Geschäft für mich übernehmen wollt."

„Mit der Sprache heraus, alter Junge. Ich bin Euer Mann, wenn Ihr m e i n Mann seid, das ist Alles. Also kommt nur dreist heraus mit Eurem Vorschlag," erwiderte der Bursche, im Tone frech und unbekümmert, in der Miene aufhorchend.

„Ich weiß, Ihr seid discret," schickte der Millionär voraus.

„Könnt Ihr mir Jemanden nennen, dessen Vertrauen ich jemals verrathen hätte?" rief der Junge mit Point d'Honneur.

„Also, versteht Ihr die Operationen auf dem Stockmarkt?"

„Wie wollt Ihr's geben, B u l l oder B ä r?"

„Bär, versteht sich."

„Das wäre auch mein Rath gewesen."

„Also, Scraper soll für mich spielen, da Ihr natürlich nicht auf's Makleramt gehen könnt, aber er darf nicht wissen, wo die Fonds herkommen."

„Ich verstehe. Und wie viele Fonds habt Ihr denn, bitte, Sir, daran zu wenden?"

„Etwa 100,000 Dollars fürs Erste."

Der Kleine sperrte jetzt doch die Augen in einer Art ehrfurchtsvollen Schreckens auf. Im nächsten Augenblick glitzerten sie ihm von einem unbeschreiblichen Feuer. Ihm, der als verlumpter Bettelbub' auf der Straße aufgewachsen, fiel beim Austritt aus den Kinderschuhen das große Loos zu. So wenigstens stellte sich seinem schnellcombinirenden Scharfblick das Anerbieten dar. Er faßte sich hinlänglich, um, ob zwar mit fliegender Hitze in Auge und Stimme, das Gespräch im klarsten Geschäftssinne fortzuführen.

„Und was sollen wir auf den Markt werfen?"

"Ohio Life and Trust, Pemberton Mills, oder irgend welchen New Orleans Bankstock. So greifen wir die Bullen an allen ihren Hörnern zugleich an."

"Ohio Life and Trust wird schwer herunterzubringen sein."

„O, dafür ist gesorgt. Wir haben der Gesellschaft über 2½ Millionen gekündigt. Sie soll es schwer finden, das Geld aufzutreiben."

„Also wie viel herunterbieten?"

„Immer von 2 bis 6 Procent unter dem gegenwärtigen Marktpreise, je nach Umständen; das wird Scraper schon wissen. Also z. B. Scraper offerirt Ohio Life and Trust in zehn Tagen zu 98 Procent zu liefern; zwei Tage später denselben Stock zu 96, zwei Tage später denselben zu 94 u. s. w."

„Ah, ich verstehe!" rief der Junge ganz begeistert. „Vor der Verfallzeit haben wir ihn auf 90 heruntergebracht, kaufen ihn für 90, und erhalten dafür unserm Contract gemäß 98. Das macht einen Profit von netto 8000 Dollars auf 100,000 Dollars."

„Das ist's. Ich habe niemals einen so jungen Burschen mit so bewundernswürdig schneller Auffassungsgabe gesehen."

„Aber wenn die Bullen den Stock aufkaufen und ihn dadurch im Preise erhalten, so sind wir gewickelt."

„Können's nicht, Sir; ist kein Geld da."

„Aber sagt mir, Sir, habt Ihr denn wirklich 100,000 Dollars rein zur Disposition, um Euch im Nothfall den Rücken zu decken?"

„Habt keine Sorgen, mein Junge; wir werden wenig Fonds

brauchen. Aber für Alles, was wir brauchen, bin ich zehnmal verantwortlich. Also discret. Daß Scraper keine Ahnung hat, versteht Ihr! Und wir kennen uns hier nicht anders, als wie immer. Ihr seht mich in meiner Privatwohnung. Wißt Ihr, wie ich heiße?"

„Freilich; Mr. William Dawson."

„Also Adieu; ich werde Euch anständig bezahlen."

Damit wollte Herr Dawson davoneilen; aber der Bursche rief ihn zurück. Man konnte es seinem Benehmen jetzt doch ansehen, daß Rang und Geldmacht, denen er sich aus der Entfernung durch naive Impertinenz gleichgestellt hatte, in der Nähe ihre imposante Wirkung auf ihn nicht verfehlten. Bis dahin war er Herrn Dawson gegenüber frei gewesen. Jetzt hatte derselbe den Brodkorb für seinen Ehrgeiz in der Hand; desto frecher geberdete er sich, um das wachsende Abhängigkeitsgefühl von sich abzuwehren.

„Alter Gentleman, mal erst noch hierher. Ihr habt mir gesagt, daß ich Euer Mann sei; aber ich habe Euch nicht gesagt, Ihr seid meiner."

Der schlaue, alte Kunde begriff auf der Stelle, warum es sich handelte; er hatte auch den Eindruck bemerkt, welchen die Machtentfaltung seiner Mittel hervorgebracht hatte. Er beschloß daher, zähe zu sein.

„O, was mich betrifft, so sollt Ihr zufrieden mit mir sein."

"Now, sehen Sie, Sir," sagte der Junge, im Begriff, aufzubrausen. „Wenn Ihr mich für ein Grünhorn in meinen eigenen Angelegenheiten haltet, so solltet Ihr mir nicht die Eurigen anvertrauen."

„Meint Ihr, Ihr wollt das Stück Arbeit nicht übernehmen?"

Der Yankee erwartete eine zögernde, unentschiedene, an dem Köder unbestimmter Gewinnaussichten und hohen Patronats hängen bleibende Antwort. Aber er irrte sich.

„Aufs Entschiedenste!" sagte der Junge energisch. „Ich werde mich auf kein Geschäft oder mit irgend einem andern Mann von der Welt, und wäre es der Kaiser von Frankreich, einlassen, als gegen eine anständige Belohnung, wie man sie für eine gesundene Sache in der Zeitung ausbietet."

"Well, was wollt Ihr haben?"

„Es ist Eure Sache, mir ein Anerbieten zu machen."

„Dächtet Ihr nicht etwa, 100 Dollars?"

"Now, geht nach Hause, Sir; auf solcher Basis ist gar keine Unterhandlung möglich, wie sie sich beim Congreß von Paris ausdrücken." Damit fing er an, seine Siebensachen zusammenzupacken.

„Nennt also Eure Basis."

„Ich will Procente am Gewinn haben, das ist meine Basis; und damit Ihr's wißt, ich sehe gar nicht ein, warum ein Junge von 18 Jahren nicht ebenso gut das Recht hat, sich in drei Monaten ein Vermögen zu erwerben, wenn er's Zeug dazu hat, als ein alter Kauz, wie Ihr."

Diese Erklärung, welche dem gesunden Menschenverstande des in der demokratischen Gemeinde aufgewachsenen Millionärs einleuchtete, entschied. Nach einiger Ueberlegung gewann Herr Dawson die „billige Ansicht von der Sache", daß nicht Größe oder Alter, sondern die Unentbehrlichkeit den Preis seines Agenten entscheiden müßten; daß er wirklich an ihm seinen Mann gefunden, und daß die Forderung, sich als Mann dem Manne gegenüber zu verantworten, die billige Ansicht von der Sache in sich schließe.

Sie kamen nach vielem Handeln auf 15 Procent vom Gewinn überein, wovon jedoch unser geheimer Agent dem offenen Makler Simson Scraper die gewöhnlichen Commissionsgebühren abzugeben habe.

Kaum war Herr Dawson auf seine Office zurückgekehrt, als sein Sohn Augustus zu ihm eintrat — eine unerwartete Erscheinung, da derselbe auf einer Sommerreise begriffen geglaubt wurde. Er war aber am vorigen Abend zurückgekehrt, und hatte auf dem Dawson'schen Familiensitze, welcher an einer lieblichen Bucht des Meeres, nordöstlich von New York, in der Richtung nach New Haven zu lag und nur 1½ Meilen von der nächsten Eisenbahnstation entfernt war, übernachtet, weil Mutter und Schwester diesmal den Sommer daselbst verlebten. Der Alte, zu sehr von Geschäften übernommen, kam nur selten hinaus. Nach den gewöhnlichen Begrüßungsformalitäten blieb der junge Mann auf dem Sopha sitzen, las die Zeitung, legte sie hin, ging ans Fenster, setzte sich wieder aufs Sopha und wurde zuletzt drückend durch die schwüle Unfähigkeit, sich zu entladen.

Der Vater verstand die eigentliche Bedeutung dieser Schwüle sehr wohl, und hatte vom ersten Augenblick an die Absicht des seltenen Befuchs verstanden, hielt es aber nicht für gerathen, durch irgend welches Entgegenkommen Erleichterung herbeizuführen.

Endlich nahm der Dandy seinen Hut und bewegte sich nachlässigen Schrittes zur Thür hinaus, mit der Bemerkung, daß er jetzt gehen müsse, worauf ihm der Alte ein trockenes "Good bye, Sir!" auf den Weg gab.

In der Thür aber faßte Augustus einen desperaten Entschluß und rief zurück: „Was ich sagen wollte: Können wir mit etwas Courant aushelfen? Bedeutenden Verbindlichkeiten morgen zu begegnen."

"Why, Sir, Sie haben seit einem halben Jahre nach der Melodie von 50,000 Dollars das Jahr gelebt!"

Als Antwort gab Augustus zu verstehen, so weit sich durch sein Gemurmel etwas zu verstehen geben ließ, daß die nothwendigsten Lebensbedürfnisse alle Tage theurer würden.

„Wie viel ist's?" fragte der Alte ärgerlich.

„10,000 Dollars," erwiderte der Sohn kleinlaut.

„Mr. Miles, schreiben Sie Herrn Augustus Dawson einen Check auf 10,000 Dollars!" rief Jener hinaus. „Und nun, Sir," fuhr er, gegen den Verschwender gewendet, fort, „sehen Sie es als ausgemachte Sache an, daß dies das letzte Mal ist. Wenn Sie sich ruiniren wollen, so will ich meinestheils nicht von der Partie sein."

Der junge Mann steckte den Check mit unendlich erleichtertem Herzen in die Tasche, und wollte eben, wie ein Vogel aus dem Käfig, davonfliegen, als ihn der Alte noch einmal mit dem Nachruf anhielt: „Ich sehe nur ein Mittel für Sie."

Der Dandy wartete ergeben auf die weitere Specificirung.

„Sehen Sie sich nach einer Frau um, und zwar lieber heute, als morgen."

Zwölftes Kapitel.

Herr Beauford stattet in Auftrage seines Freundes, des Grafen, einen Besuch bei Bruder und Schwester ab. Esel und Löwin.

> „War ich je Burgunden mit dem Lebene min,
> Si müeste sie lange vor miner Minne sin."
>
> (Nibelungenlied.)

Die besondere Veranlassung für diese 10,000 Dollars war, abgesehen von dem Zustande permanenter Geldverlegenheit, mit welcher der junge Mann nach Art seiner Species, behaftet war, die folgende gewesen. — Noch saß er auf der breiten Piazza, durch den Rauch seiner langen türkischen Morgenpfeife die entfernten Segel auf dem spiegelglatten Meere lässig betrachtend, als ihm Pompey eine Karte brachte, der aber der Besucher selbst unmittelbar auf dem Fuße folgte.

Es war Beauford. Augustus war einen Augenblick wie vom Donner gerührt, da er seit jenem Abend nicht wieder in dem Etablissement, wo jener die Bank zu halten pflegte, gespielt hatte. Ueberhaupt hielt ein schweigendes Einverständniß dergleichen Herren aus dem Familienkreise ihrer Opfer fern. Beim Anblick Beauford's bestürmten daher den armen Augustus tausend drohende Gedanken. Es sollte auch schlimm genug kommen.

Zuerst erinnerte der Spieler in seiner höflichen und höchst anständigen Weise, daß es jetzt doch wol an der Zeit sei, die 6000 Dollars zu decken, die als Ehrenschuld sogleich den nächsten Morgen hätten bezahlt werden sollen.

„Dachte," stotterte Augustus, „der — der, wie heißt er doch noch ....der....Graf hätte das in Ordnung gebracht."

Allerdings; aber er komme eben vom Grafen, der das Geld nicht länger entbehren könne.

„Wo ist der Graf jetzt?"

„Das thut nichts zur Sache. Hier ist meine Vollmacht. Ich zweifle nicht im Geringsten, daß Sie als Mann von Ehre keinen Augenblick verlieren werden, den kleinen Posten zu löschen. Dann aber komme ich noch in einer andern Angelegenheit, die ebenfalls meinen Freund, den Grafen, betrifft."

Augustus warf einen ängstlichen Seitenblick auf den Sprecher.

„Der Graf findet sich aufs Tiefste in seiner Ehre gekränkt und in seinem Character beeinträchtigt durch das Verhältniß, worin Sie seit vier Monaten mit seiner Frau leben."

„In seiner Ehre und seinem Character?" rief der junge Mann, zwischen Zorn, Hohn und Schrecken getheilt. "Why, sie ist ja seine Frau nicht mehr, er hat ja eine Andere geheirathet!"

„Können Sie das gerichtlich beweisen?"

Augustus schwieg wie auf den Mund geschlagen.

„Es scheint mir nicht billig," fuhr der Andere sehr erregt fort, „und ich kann es mit meinen Ideen von Ton nicht vereinigen, den Character eines Gentleman auf bloße Vermuthung hin und ohne Beweise, die man gerichtlich geltend machen könnte, anzuschwärzen. Der Graf, Sir, hat nur e i n e Frau, und diese Frau haben Sie, Sir, verführt, ihm abwendig gemacht, und sie wird gegenwärtig von Ihnen unterhalten."

„Bei Jingo, Beauford, Sie wissen so gut wie ich, daß Madame Pustell vom Grafen dafür bezahlt war, sie nicht lebendig aus dem Hause zu lassen, wenn sie sich nicht zähmen ließe. Das ver...... alte Mensch hat sein Geld ehrlich verdient, denn leicht ging's nicht ab, das schwöre ich Ihnen."

„Würden Sie bereit sein, als gerichtlicher Zeuge die eben angegebenen Thatsachen zu bestätigen?"

Augustus schwieg, wiederum auf den Mund geschlagen.

„Dann, mein Herr, bleibt keine andere billige Ansicht von der Sache übrig, als daß Sie den Grafen in seinem Rechte als Ehemann gekränkt, ihm seinen häuslichen Frieden grausam zerstört haben, und daß Sie ihm eine Genugthuung schuldig sind."

„Was will der Graf von mir?"

„Ich habe ihm vorgeschlagen, sich mit einer billigen Entschädigungssumme zu begnügen."

„Was ist's?" rief der Millionärssohn, gewohnt, es mit der Eingehung von Verbindlichkeiten nicht sehr genau zu nehmen.

„Fünfzig Tausend Dollars baar sollen alle seine Ansprüche tilgen."

„Fünfzig Tausend Dollars baar?" rief der junge Mann entsetzt; „und wo soll ich die hernehmen?"

„Jeder Gerichtshof würde ihm das Doppelte zusprechen."

Die Verhandlungen endigten mit dem Abkommen, daß der schon so lange und vielgerupfte Fant sich von aller weiteren Rupfung mit 50,000 Dollars loskaufen sollte. Diese Summe sollte Spielschulden und Alles in sich schließen und in fünf monatlichen Raten von je 10,000 Dollars gezahlt, mit der ersten Ratenzahlung aber noch selbigen Tags der Anfang gemacht werden. Für das Uebrige gab Augustus seine Noten, und zwar, dem Verlangen gemäß, auf der Stelle.

Da nun diese Schwierigkeit wohl oder übel zur Ausgleichung gekommen war, so sah Augustus mit einem Gefühl unendlicher Erleichterung den Besucher nach dem Hut greifen. Man denke sich daher den Schrecken, als Herr Beanford mit der ihm so wohl anstehenden ehrfurchtsvollen Höflichkeit sich das Privilegium erbat, einen Augenblick „Madame" sprechen zu dürfen.

„Meine Mutter?" fragte Augustus mit geisterhafter Miene. „Was in der Welt haben Sie mit meiner Mutter zu thun, Beanford?"

„Keineswegs Ihre Frau Mutter, Dawson; ich bitte um die Ehre, Madame (er sprach das Wort französisch, nicht englisch aus) Ihre Schwester, zu sehen."

Der junge Mann schien über das so höflich und respectvoll geäußerte Begehren völlig die Besinnung zu verlieren. Er glotzte den Menschen sprachlos an, ohne zu wissen, was er thun sollte.

„Ich komme," fuhr der Glücksritter mit derselben unerschütterlichen Höflichkeit fort, „ich komme von meinem Freunde, dem Grafen, Madames Gemahl, um ..."

„Beanford!" rief der Bruder, jetzt wahrhaft empört und mit Mühe durch einen Blick nach dem Damenfenster den lauten Ausbruch seiner Wuth unterdrückend, „was wollen Sie mit Ihrem verd...... Unsinn sagen?"

„Was gibt es, Dawson?" fuhr Beanford in seinem bisherigen Tone ungestört fort. „Wissen Sie denn nicht, daß Madame Ihre Schwester die Gemahlin des Grafen ist?"

"Damn you, Beanford, und ich muß eben 50,000 Dollars dafür zahlen, daß ich mit des Grafen Frau lebe?"

„Würden Sie gewillt oder im Stande sein, diese Angabe Madame Ihrer Schwester gegenüber zu beweisen, Sir?"

Der unglückliche Roué schlug sich in seiner Ohnmacht vor die Stirn, knirschte mit den Zähnen und riß sich die Haare aus.

„Wenn Sie das nicht können, Sir, so muß ich Ihnen sagen, daß es nicht „billig" ist, auf einen Gentleman, welcher der Gemahl einer Dame ist, die Ihnen so nahe steht, den Verdacht eines von dem Gesetze und der Meinung der Gesellschaft so emphatisch gebrandmarkten Verbrechens zu werfen, wie die Bigamie ist."

Augustus konnte sich nicht mehr länger auf den Beinen erhalten und sank bleich und erschöpft in den chinesischen Rohrstuhl zurück, der ihm noch so eben zum genußreichen Morgensitz gedient hatte.

„Was verlangt Ihr, Ihr infernalen Canaillen?"

„Sie vergessen sich, Gustus. Ist es nicht eine billige Sache unter Gentlemen, daß man bei Mißverständnissen ein billiges Abkommen mit einander trifft und nachher Jeder seinen eigenen Weg geht? Damit ist die Sache ein für alle Mal abgethan."

Die Logik war höchst einleuchtend und die einzige, die im gegenwärtigen Augenblick selbst bei dem ziemlich abgebrauchten, aber jetzt wahrhaft empörten Herzen des verdorbenen Sohnes des amerikanischen Schwammaristokratenthums noch einen Anknüpfungspunkt für den Weg der Verhandlung bot. Der Gedanke, daß diese Schreckgespenster früherer Verirrungen ihnen Tag und Nacht ums Haus herumspuken, sie auf Schritt und Tritt, bei Tag und Nacht überallhin verfolgen würden, war so unerträglich, daß die Aussicht eines vollen Abschlusses, unter was auch immer für Opfern, als willkommene Erlösung dagegen erschien. Augustus bot zuerst seinen Credit für weitere 10,000, 20,000 ꝛc., ja 50,000 Dollars; aber Beauford erklärte ihm rundweg, daß sein Credit schon mit den ersten 50,000 Dollars hinlänglich verpfändet sei; daß Madame, wie er wisse, eigenes Vermögen habe; daß Besuche, wie der heutige, ihre eigenen Unbequemlichkeiten hätten, denen es „nicht billig" sei, ihn öfter auszusetzen, und kurz und gut, er müsse die junge Dame selbst sehen und zur Vermeidung aller Weitläufigkeiten und Mißverständnisse die Sache mit ihr ohne Mittelsperson, persönlich und auf der Stelle in Ordnung bringen.

In demselben Augenblick war Mary Dawson aus der kleinen Bibliothek durch das bis auf den Boden reichende Schiebfenster auf die Piazza getreten. Seit einigen Monaten hatte sich Mary mit leidenschaftlichem Eifer auf Uebungen jeder Art in der freien Luft geworfen. Sie ritt, machte weite Fußtouren, schwamm, ruderte sogar, und war kein übler Schütz.

Es interessirte sie daher, als sie auf dem Tische im Bibliothekzimmer zwei reizende Revolver fand, die Augustus soeben von der Reise mitgebracht und von seinem Zimmer mit heruntergenommen hatte, um sie seiner Schwester zu zeigen. Sie hatten elfenbeinerne Kolben, mit silbernen Arabesken ausgelegt, und lagen ausgezeichnet in der Mädchenhand. Mary brachte einen davon mit heraus, um darüber neugierige Fragen an ihren Bruder zu richten, oder auch wol ein paar Schüsse zu thun.

Der Spieler ersuchte jetzt Augustus, ihn vorzustellen, was dieser mit so befremdendem, verlegenem Widerwillen zuletzt that, daß die junge Dame sich sogleich instinctmäßig auf die Warte ihrer vornehmen Impertinenz stellte.

„Ich komme," eröffnete der Unterhändler das Gespräch, „expreß diesen Morgen hierher, um mir die Ehre auszubitten, ein paar Worte in einer Angelegenheit mit Ihnen zu reden, Madame, die Sie aufs Lebhafteste interessiren muß."

Der Blick, womit ihm das Mädchen auf die Anrede per „Madame" antwortete, wurde ihm denn jetzt doch so unerträglich, daß er, trotz des dreifachen Erzes, womit ihm die Stirn gepanzert war, anfing, sich unsicher zu fühlen, besonders da ihr Mund nicht die leiseste Andeutung ermuthigenden Einfallens verrieth. In der That hatte ihr dieses Wort sogleich den richtigen Fingerzeig gegeben.

„Ich komme, Madame," nahm der Glücksritter nach einer kurzen, verlegenen Pause seinen Faden wieder auf, „von dem Herrn Grafen de Roussillon." — — Effectpause. —

„Von wem kommt er?" fragte die Dame ihren Bruder, wie wenn man sich über irgend eine absonderliche Erscheinung Auskunft erholt.

Augustus stammelte zur Antwort etwas in ganz unarticulirten Tönen.

„Von Ihrem Gemahl, Madame," sagte der Spieler jetzt ziemlich scharf, um sich mit Gewalt Gehör zu verschaffen.

„Augustus," sprach Mary noch immer in demselben Ton und mit

derselben Miene, „schaffe mir doch diesen unverschämten Burschen vom Halse."

„Lieber aufgeben, Beauford," murmelte dieser beilegend.

„Ich dächte," sagte Beauford mit unverwüstlicher Würde, „es müßte Ihnen selbst am meisten daran gelegen sein, Madame, in dieser Sache Aufsehen zu vermeiden."

„Augustus!" wiederholte das Mädchen, jetzt ungeduldig mit dem Fuße stampfend, „willst Du mir diesen unverschämten Burschen vom Halse schaffen?"

„Fangt nichts mit ihr an, Beauford; könnt Gift darauf nehmen!" warf der verlegene Augustus von Neuem dazwischen.

„Es hängt von Ihnen ab," wollte der Abgesandte fortfahren, „ob . . . ." damit war aber der Geduldsfaden der innerlich gepeinigten und insultirten armen Mädchenseele gerissen. Sie entlud, blind vor Zorn, die sämmtlichen sechs Läufe des Revolvers in rascher Folge in der Richtung ihres Feindes, der, an solche Scenen gewöhnt, zwar ungetroffen und ziemlich gefaßt, aber doch nicht ohne Zeichen nervöser Aufregung im Gesichte, stehen blieb. Dann zum Aufbruch bereit, rief er: „Sie nöthigen uns, die Sache vor die Oeffentlichkeit zu bringen."

„Ich schieße Sie nieder, wo Sie mir in den Weg treten, Sie und den andern Buben!" rief Mary mit jubelndem Freiheitsstolz in den Augen, und eilte durch die Glasthür nach dem andern Revolver.

„Keine Secunde zu verlieren, Beauford; sie kommt mit einem zweiten Revolver augenblicklich zurück!" Damit schob Augustus den immer noch Zögernden um die Ecke der Piazza herum und brachte ihn eilends an sein elegantes Buggy.

„Mit diesen verdammten Frauenzimmern läßt sich nun einmal nicht raisonniren!" murmelte der geschlagene Diplomat, als er seinem Pferde die Peitsche gab.

Die Summe der Meditationen, welche ihm den Weg nach der anderthalb Meilen entfernten Station mehr verkürzten, als erheiterten, war, daß man möglicher Weise noch von Augustus eine weitere Taxe auf das Geheimniß seiner Schwester herausquälen könne. Denn was die Drohung mit öffentlicher Blosstellung betraf, so konnte Niemandem mehr daran gelegen sein, als dem Grafen und dessen Freunde selbst, sich dem Lichte derselben gegenüber so duckmäuserisch wie möglich zu verhalten.

Als die junge Dame bei ihrer Rückkunft die Piazza leer fand, steckte sie sich den geladenen Revolver für künftige Gelegenheiten in den Busen und kehrte in die Bibliothek zurück, wo sie sich weinend in die Polster eines ungeheuren Lehnsessels vergrub.

Augustus, froh, daß er sie auf der Piazza nicht antraf, machte sich, um weiteren Erklärungen aus dem Wege zu gehen, sogleich nach der Stadt auf den Weg. Als er sich vorher noch nach seinen Pistolen in der Bibliothek umsah, bemerkte er allerdings Mary's kleine Hand auf der Polsterlehne und die Falten ihres Kleides auf dem Teppich als stille Spuren ihrer Gegenwart. Aber er zog es vor, da er nur die ungeladene Pistole auf dem Mosaiktischchen fand, sie nach der geladenen nicht zu fragen, welch letztere auf solche Weise von diesem Augenblick an stillschweigend in ihren Besitz überging.

Mrs. Dawson war an diesem Morgen schon früh ausgefahren, um ihre Nachbarinnen mit einer neuen Toilette zu ärgern, welche eben den Tag vorher aus Paris angekommen war. Sie hatte sich vor Mademoiselle Tuillier, der französischen Modistin, buchstäblich im Götzendienst der Mode auf die Kniee geworfen, um dieses „Neueste" zuerst und auf einen Tag für sich ganz allein zu haben, und daneben 100 Dollars extra für ein so hohes Privilegium bezahlt.

Unvernünftig billig! und nur durch die allsommerliche Entvölkerung der Stadt an Beau Monde in seiner extravaganten Wohlfeilheit begreiflich. Es erklärt sich daher, daß Mrs. Dawson früh aufgewesen und früh ausgefahren war, um keine schätzbare Minute von dem Tage ihres Triumphes ungenutzt und ungenossen zu verlieren. Der Erfolg war aber so schlagend und die unmittelbare Nachbarschaft — meistens auf entfernteren Ausflügen für den Sommer abwesend — so bald abgeweidet, daß die Dame, die im Grunde genommen ein sympathiebedürftiges Herz hatte, in ihrem eigenen Hause wieder vorsprach, theils um ihre Tochter zur Mitfahrt und zum Mitgenuß ihres Triumphes einzuladen, theils auch um vor der entfernteren Tour, die sie jetzt vorhatte, etwas zu lunchen.

Mrs. Dawson eilte sogleich ins Bibliothekzimmer, wo Mary ihr Quartier aufzuschlagen pflegte, so oft sie sich's überhaupt unter Dach und Fach noch gefallen ließ — was immer seltener wurde — und stellte sich zunächst vor einen kleinen Ovalspiegel mit geschnitztem Holzrahmen, der, wie Alles in dem Zimmer, auf ländliche Einfachheit raffinirt war. Sie vergaß über ihre Toilette, sich selbst anzusehen, so anziehend, fast jugendlich auch ihre feinen Züge von der langen Morgenfahrt angehaucht waren, und so lebhaft auch ihre schönen Augen bei ihrem Berichte über die soeben erlebten Triumphe blitzten.

„Aber sieh nur! Du würdigst sie ja keines Blickes! Ist sie aber nicht eine reizende Robe? Mrs. Dibden weinte, weinte, sag' ich Dir, geradezu, als sie mich damit hereinkommen sah. Sie hatte Mademoiselle Tuillier ebenfalls 100 Dollars geboten, aber ich war die Begünstigte."

Bei diesen Worten wendete sie sich glorreich nach ihrer Tochter, in der coquettesten Entfaltung ihrer so eben wieder zurecht gezupften Robe.

„Aber, dear child, was hast Du? Bist Du krank? Du siehst ja zum Erschrecken aus!"

Sie ging zum Sessel und sah ihrer Tochter, die mit halbgeschlossenen Augen dasaß und nicht antwortete, ins Gesicht.

„Komm, Mary, sag' mir, was kann ich für Dich thun? Soll ich das Kammermädchen rufen und Dich zu Bette bringen lassen?"

Gegen dieses Anerbieten rüttelte sich das Mädchen zu der Antwort auf: „Nicht doch, mir fehlt ja nichts."

„Komm also lieber mit, das Fahren wird Dir gut thun."

Mary hatte bis dahin das System durchgeführt, ihre Seelenleiden mit Bewegung in frischer Luft zu bekämpfen; sie war auch jetzt wieder bereit dazu.

„Ich will's," sagte sie, noch schwer, aber schon mit Wiedergewinnung ihres gewöhnlichen gleichgültigen Tones. Damit ging sie hinauf, um sich anzuziehen.

Nun war aber Mrs. Dawson selbst zufälliger Weise im Besitz eines Schatzes von Liebe, der nur durch den Ton der Gesellschaft, in welcher sie lebte, und durch das vollständig gemüthlose Verhältniß zu ihrem Gemahl unbeachtet in einem vergessenen Winkel unten in der Tiefe ihres Herzens liegen geblieben war. Sie hatte zu ihrer Tochter bisher, so zu sagen, in gar keinem Verhältniß gestanden. Jede war ihren eigenen Weg gegangen. Jetzt wurde plötzlich das Mutterherz von unendlichem Mitleid ergriffen. Es fiel ihr plötzlich schwer auf die Seele, daß sie ihre Tochter, so ein junges, zartes Mädchenleben, so lange ohne Liebe gelassen hatte. Als Mary angezogen wieder ins Zimmer trat, mit einer Miene, womöglich noch starrer und theilnahmsloser als gewöhnlich, fiel ihr plötzlich die Mutter ganz unversehens um den Hals und bedeckte sie mit Thränen und Küssen.

„Armes, armes Kind," schluchzte sie leidenschaftlich, „verzeihe mir, verzeihe mir, verzeihe deiner bösen Ma! Armes Kind, liebe Mary!"

Mary war im ersten Augenblick erstaunt, fast unwillig. Aber wie ihr die Töne der tiefsten Liebe mit überwältigender Wahrheit ins Herz drangen, so warf sie sich mit nie gefühltem stillen Entzücken ihrer Mutter an die Brust und schluchzte, als wollte sie sich die Seele ausschluchzen.

Der Kutscher wartete eine volle Stunde vor der Thür, ohne daß die Herrin sich zeigte. Bridget, welche im Parlor etwas zu thun hatte, fand Mutter und Tochter mit verweinten Augen und verstörten Gesichtern. Der Wagen wurde abbestellt und unter den Dienstboten verbreitete sich das unerhörte Gerücht, daß Mrs. Dawson und Miß Dawson zusammen geweint hätten.

Der Conjecturen über die Ursache dieser unerhörten Naturerscheinung war kein Ende, bis Pompey, der übrigens seine eigenen Gedanken über die am Morgen gehörten Pistolenschüsse hatte und überhaupt ein combinatorischer Kopf war, zu verstehen gab: "I guess, ich weiß, was es ist!"

Alle bestürmten ihn, zu reden.

"Well, I guess," sagte er endlich, dem Zudringen nachgebend, mit wichtiger Miene, „sie sind in Aufregung gerathen über Dieses oder Jenes, und das ist es, was man, I guess, als die mehr immediat apparoxismatische Ursache bezeichnen kann, warum sie in einen Apparoxismus von Weinen verfallen sein."

„Na, ich bin nur froh, daß es weiter nichts ist, als das," sagte die Köchin, tief Athem holend, als wär' ihr ein Stein vom Herzen.

„Ich ebenfalls," sagte Bridget und wechselte Blicke des geheimen

Einverständnisses mit ihrer Collegin im Dienste. Beiden schlug das Gewissen über die Grocers-, Fleischer- und verschiedene andere Lieferungen für das Hauswesen, worin sie etwas über die Gebühr speculirt hatten.

Pompey lachte sich ins Fäustchen. Er hatte zwar nicht läuten, aber doch anschlagen hören, und wollte sein Geheimniß, wenigstens bis auf weitere Entdeckungen, für eigene mögliche Verwendung für sich behalten.

Dreizehntes Kapitel.

Der Held geht ins Geschäft, findet aber sehr bald zu seinem Leidwesen, daß sein prophetisch-philosophischer Blick in die amerikanischen Verhältnisse ihn nicht betrogen hat.

Der gestrenge Leser wird uns für die Vernachläßigung, mit welcher wir unsern Helden und Freund Antonio einige Zeit lang behandelt haben, zu entschuldigen geneigt sein, wenn wir ihm mittheilen, daß derselbe schon in der zweiten Woche nach der großen Catastrophe im Dawson'schen Hause seinen Cursus von Vorlesungen über die moderne Kunstgeschichte eröffnet hatte, und daß er unmittelbar nach Vollendung desselben nach dem Westen abgegangen war, als Compagnon der Firma Haffner & Co., Eisen-, Stahl- und Messingwaaren-Handlung. Er war zunächst, gleich seinem Freunde Wilhelmi, geneigt gewesen, den Rathschlägen des erfahrenen und tiefblickenden New Yorker Geschäftsmannes unbedingt nachzuleben und den Eintritt ins Geschäft auf weniger precäre Zeitläufte hin zu verschieben. Allein zunächst fand sich, daß seine Vorlesungen bei mittelmäßig gefülltem Hause ihm kaum die ungeheuren Kosten deckten. Die Ehre, welche er damit einlegte, war allerdings groß; der Cirkel seiner Bekanntschaft breitete sich schnell aus über die Elite von allen Denen, welche auf literarische oder gesellschaftliche Bildung Anspruch machten. Die Begeisterung war aufrichtig, die Aussichten auf irgend welche entsprechende Anstellung an einer der höheren Erziehungsanstalten privaten oder öffentlichen Characters, an denen es in Amerika einen Ueberfluß gibt, schienen sich zu häufen. Nichtsdestoweniger wußte Antonio aus langer Erfahrung in der Fremde her, wie wenig solchen Aussichten zu trauen ist, und wie unfruchtbar sich selbst solche aufrichtige Begeisterung und solche gesellschaftliche Löwenspielerei zuletzt für den Broderwerb erweist.

Vor der Furcht, als „distinguirter Preuße" und „hoffnungsvoller junger Mann" zu verkommen, fingen die Dawson'schen Rathschläge schon allmälig an zu erblassen, als die Ankunft eines alten Bekannten aus Deutschland die Entscheidung gab.

.

Es fehlte nämlich, um es rund heraus zu sagen, Antonio und Haffner, selbst wenn sie ihre Mittel zusammenschossen, an dem nöthigen Capital, um ein Geschäft anzufangen, wie es dem Sohne des Hauses Schröter & Co. zukam, und eben dieses fehlende Capital wurde jetzt von dem deutschen Freunde, Fritz Brösingk aus Cöln, angeboten.

Brösingk hatte einst mit Antonio und Wilhelmi zusammen in derselben Compagnie sein Freiwilligenjahr abgedient. Er war zu jener Zeit ein flotter Bursche, der sein Weniges als großer Herr an den Mann zu bringen wußte und in dem damals so brillant gestellten Antonio einen unerschöpflichen Born der großmüthigsten Hülfe bei seinen ebenso unerschöpflichen Verlegenheiten fand. Ehe aber das Jahr um war, hatte er sich mit einer reichen und liebenswürdigen Cousine verlobt, und schätzte sich jetzt, in Folge glücklicher Speculationen in Actien der jüngstgegründeten Bergwerksgesellschaft an der Porta Westphalica, auf etwa 100,000 Thaler. Es grassirte eben damals in Deutschland, und besonders am Rhein, die Manie, in amerikanischen Papieren zu speculiren, oder noch besser, ein „überseeisches Geschäft" zu haben. Um sich nach einer passenden Gelegenheit zu diesem Zweck umzusehen, war Brösingk nach Amerika gekommen. Antonio und er liefen einander gerade mit ihren Absichten und Bedürfnissen in die Arme. Brösingk trat mit ihm und Haffner als stiller Compagnon ins Geschäft und gab ebenfalls 10,000 Dollars dazu her, versprach aber große Lieferungen von den Lamberts, seinen Schwägern, welche eine Fabrik für eben die betreffenden Waaren in Solingen hatten, und auf diese Weise sogleich einen erwünschten Markt für ihre Waaren finden sollten. Alles paßte, wie man es sich nur wünschen konnte. Wilhelmi äußerte allerdings einige Bedenken, da dieselben aber in der unwiderstehlichen Werbelust der neuen Firma ungehört verhallten, so rieth er, das Haupt-Etablissement der Firma lieber nach Chicago zu verlegen, indem, wie er wisse, dort für den wachsenden Bedarf des ungeheuren Ackerbaubezirkes und der deutschen Bevölkerung an gewissen vaterländischen Artikeln durchaus nicht in genügendem Maße gesorgt sei. Die Idee wurde mit Enthusiasmus aufgegriffen; eine Fortüne schien unausbleiblich, und während Brösingk "tanquam re bene gesta" nach Europa zurückkehrte, begaben sich die beiden andern Partner nach Chicago, um sich als „Haffner, Wohlfahrt & Co." zu etabliren.

In den ersten Monaten zeigte sich jedoch schon, daß 30,000 Dollars, selbst mit dem freiflüssigen Zuschuß der Lambert'schen Waarensendungen, zu der großartigen Anlage des Unternehmens in keinem Verhältniß standen. Brösingk mußte also herhalten, da kein Anderer konnte, und that es aufs Willigste, „da man bei einem überseeischen Geschäft nicht nach deutschen Verhältnissen rechnen könnte. Es kämen aber auch nachher überseeische Gewinne heraus."

So ging ein Zehntausend nach dem andern übers Wasser, und zuletzt, als gar die Krisis ausbrach, mußte natürlich noch eine außerordentliche Zulage gemacht werden, wenn man nicht so viel hineingestecktes Capital „versenkt" sein lassen wollte.

Nach kaum anderthalb Jahren waren Brösingk's Zuschüsse von den ursprünglichen 10,000 Dollars auf 110,000 Dollars gestiegen, und die Solinger hatte eine Forderung von 40—45,000 Dollars an das Geschäft. Endlich aber erklärte Brösingk denn doch, daß ihm weitere Hülfsleistungen unmöglich seien. Da wurden plötzlich weitere 20,000 Dollars nöthig, um das Haus vom Sturz zu retten, und zwar unmittelbar. Auf Hin- und Herschreiben konnte man sich nicht einlassen, dazu war keine Zeit. Auf Brösingk zu ziehen, schien nach dessen letzter Mittheilung unverantwortlich. Antonio begab sich also nach New York, um zu sehen, was sich thun ließe.

Wilhelmi konnte ihm nicht helfen. Er war zur Zeit der Krisis von seinem Partner Schröter unverantwortlich im Stich gelassen worden und in Folge dessen mit ihm auseinander gekommen. Die Einrichtung seines Geschäfts auf seine eigene Hand hatte seitdem alle seine Mittel in Anspruch genommen. Zur Hülfsleistung für einen Andern, wäre es der eigene Vater gewesen, war kein Dollar zu erübrigen. Antonio fühlte sich äußerst niedergeschlagen. Es handelte sich bei ihm nicht sowol um sein eigenes kleines Vermögen, das er jetzt entweder mit einem Schlage verlieren, oder, nach seiner Berechnung, durch Rettung der Firma verdreifachen mußte, als vielmehr um die schwergefühlte Verantwortlichkeit für die Sicherheit der so bedeutenden Summen, welche sein Freund Brösingk zum Theil auf seine Vorstellungen in das Geschäft gesteckt hatte. Rathlos, geisterhaften Blicks irrte er in der ihm jetzt wildfremden City umher, sprach bei der Post vor, um zu fragen, ob kein unerwarteter Glücksbrief für ihn da sei, machte einen Besuch auf einem Comptoir, wo er oberflächlich bekannt war, in der geheimen, wahnsinnigen Hoffnung, dem Kaufmanne würde im Gespräch der Gedanke kommen, ihm die benöthigte Summe anzubieten, ging die Liste der Broker durch, gleichsam als ob sich an die Namen so vieler Geld= verschaffer irgend eine Combination, irgend eine Verhandlung, irgend ein Plan knüpfen müsse und wunderte sich zuletzt, wie es doch komme, daß man nicht die Pflastersteine ausgraben und sie als Noten in Cir= culation geben könne, ebenso gut wie ein Stück Papier. Zur Ab= wechslung berechnete er dann wieder, wie viel Geld sich wol auf sämmt= liche Häuser in Wall Street erheben ließe, wenn sie ihm alle gehörten. Durch diese allerdings ziemlich überflüssigen Phantasien etwas heiterer gestimmt, trat er in ein Frühstückslocal, ohne daß er gerade ein beson= deres Bedürfniß nach Restauration verspürt hätte.

Er ließ sich ein halbes Dutzend Austern in der Schaale geben und fand zu seiner Ueberraschung, daß er seine von dem Saft des Schaal= thieres genäßte Gabel in dasselbe Pfeffer= und Salzfaß mit Herrn Dawson eintauchte.

Dieser jedoch nahm von seiner Gegenwart keine Notiz, eine Mißach= tung, die, so wenig Anspruch ihm die gelegentliche Begegnung mit dem Millionär auf dessen Bekanntschaft auch gab, dennoch in diesem Augen= blick für den ärmeren, ums Leben ringenden Kaufmann einen Stachel hatte, der ihm ins Fleisch drang. Er nahm seine gepfefferten Austern an einen kleinen zweisitzigen Tisch, um von der unangenehmen Nachbar= schaft loszukommen. Kaum aber hatte er dort angefangen, seine Bit= terkeit mit seinen Austern zu verschlucken, als er einen Schlag auf die Schulter fühlte.

Er sah sich um. Die funkelnden Augen des bleichen altjungen Ge= sichtes, die ihm entgegen schienen, waren ihm erinnerlich wie aus irgend einem Traume; aber den mit mercantiler Eleganz in Schuh und Strümpfen gekleideten jungen Herrn, der viel von der Würde einer verantwortlichen Geschäftsstellung in seinem Wesen trug, hatte er gewiß nirgends je gesehen.

Der kleine Mann setzte sich auf den andern Stuhl ihm gegenüber und sagte: „Ich sehe wol, Sie kennen mich nicht mehr, Herr Uolfahrt. Und doch ist es kaum anderthalb Jahre her, daß Sie mir die 50 Dollars gaben, wofür ich den kleinen Zeitungs=Stand dort in der Ecke aufge=

richtet habe." Hierbei zog er seine Cigarrentasche heraus. „Nehmen Sie die da, Sir, Sie werden sie gut finden."

„Patrick O'Shea!" rief Antonio mit freudigem Erstaunen. „Ist's möglich? Wie habt Ihr Euch in achtzehn Monaten verändert!"

„Das glaub' ich, ja. Die ganze Welt hat sich in diesen achtzehn Monaten umgedreht, und ich mit. Davon ließ' sich eine Geschichte erzählen!"

„Was macht Eure Mutter und die Kinder?"

„Ach, mit der alten Frau ist nichts anzufangen; sie kann sich in ihre neuen Verhältnisse nicht finden und will lieber nach Irland zurück. Aber davon haben wir Zeit, nachher zu sprechen. Jetzt sagt mir nun einmal, wo Ihr die ganze Zeit über gewesen seid."

Antonio erzählte ihm, er sei nach Chicago gegangen und habe dort eine Eisenwaarenhandlung angefangen. Er wollte dabei dem „kleinen Paddy" eben nur das Nothdürftigste von dem „großen Etablissement" aus freundschaftlicher Entfernung mittheilen; aber der Kleine überraschte, erstaunte, ja entsetzte ihn fast mit seiner ungeheuren Detailkenntniß des Geschäftsstandes in Chicago. Er combinirte von Einem aufs Andere und sagte zuletzt seinem Gönner auf den Kopf zu: „Ihr seid also hierher gekommen, um Geld aufzutreiben. Nehmt mir's nicht übel, ich habe Euch das schon bei Eurem Eintritt hier in den Saloon angesehen. Ich kenne meine Leute auf den ersten Blick."

„Keine von Euren Impertinenzen!" sagte Antonio ärgerlich.

„Es mag vielleicht impertinent sein, aber Ihr müßt mir nun schon einmal aus alter Liebe etwas zu Gute halten," sagte der Junge mit einer Gutmüthigkeit, die den Angeredeten entwaffnete. „Ihr müßt mir sagen, wie viel Ihr braucht. Wer weiß, wozu's gut ist."

Es ist die Eigenthümlichkeit verzweifelter Zustände, daß Einem keine Hoffnung zu absurd ist, um ihr nicht wenigstens mit einer gewissen abergläubischen Galanterie entgegen zu kommen. Antonio antwortete also mit einem Seufzer. „Zwanzigtausend Dollars."

„Heute, noch vor Bankschluß?" fragte Paddy erschreckt, indem er seine werthvolle goldne Uhr hervorzog. „Es sind nur noch drei Minuten!"

„O nein; es kommt auf drei Tage nicht an."

„Dann kommt morgen früh um elf Uhr zu mir, und Ihr sollt sie haben."

Antonio sah den Jungen groß an. War er verrückt oder wollte er seinen Gaminscherz mit ihm treiben? Aber Patrick O'Shea hatte jene unnachahmliche Miene des Geschäftsmannes, so bestimmt nicht nur auf seinen Zügen, sondern in seinem ganzen Wesen ausgeprägt, in der Art sogar, wie er seine Uhr einsteckte und dann aufstand, daß es unmöglich war, sich der Ueberzeugung zu entschlagen, er meine es ernstlich und er könne, was er sage.

„Still!" rief er Antonio zu, der zwischen dem Bedürfniß, um Erklärung zu fragen und zu danken, nach Worten suchte. „Ich habe Euch gesagt, die Welt hat sich gedreht. Habt keine Besorgniß, daß es etwa nicht mit rechten Dingen zuginge; immer an der Spitze der Zeit!" (mit einem Anfluge des alten Humors) „das war mein Wahlspruch, erinnert Ihr Euch noch? S m a r t ist das Wort, das ist Alles. Aber es wäre mir lieb, es bliebe unter uns. Jetzt muß ich mein Geschäft besorgen, — also um elf Uhr, morgen Vormittag."

Damit ging der geheimnißvolle Capitalist eilig seinem Cigarrenkasten zu, um einem etwas unwilligen und ob der Verzögerung lärmenden Kunden eine Cigarre für fünf Cents zu verkaufen.

„Antonio ging kopfschüttelnd und in tiefen Gedanken, aber, er mußte es sich gestehen, höchst erleichtert in sein Hotel. Daß der kleine Paddy O'Shea noch einmal ein reicher Mann werden und seinen Patron von Mulberry Street her hinter sich lassen möchte, das war ihm wol damals als Grille durch den Kopf gegangen. Aber daß dieser kleine Straßenbub' schon in so kurzer Zeit seinen Protector von damals protegiren würde, das hatte er sich doch nicht träumen lassen.

Am nächsten Tage kehrte Antonio, a sadder and a wiser man, mit dem Nachmittagszuge und seinen 20,000 Dollars in der Tasche, wofür er zwei Noten auf Sicht gegeben hatte, nach Chicago zurück. Wilhelmi ging eine Woche später in Geschäften nach Europa. Eine unerwartete Begegnung am vorhergehenden Abend, als er mit Wilhelmi den Broadway entlang ging, gab der ohnehin melancholischen Färbung seiner Seele noch tiefere Schattirung. Es eilte ihnen nämlich im Gaslicht der junge Dawson vorüber, mit einer herrlich gewachsenen, in der reichsten und elegantesten Modetracht der Saison gekleideten

Dame am Arm. Ueberrascht sahen sich die Freunde nach dem Paare um. Die Dame drehte in demselben Augenblick den Kopf nach Antonio hin. Beide fuhren wie vom Blitz getroffen wieder zurück, als sich ihre Augen begegneten. Es war Annie, — womöglich noch schöner, als zur Zeit ihrer ersten Bekanntschaft. Antonio blieb wie angezaubert stehen.

„Was haben Sie denn?" fragte Wilhelmi, ihn fortzerrend.

„Sie ist's! Bei Gott, sie ist's! Sie ist jetzt .... armes Frauenzimmer!"

„Aber was ist's? Was ist sie?"

„'s ist die Annie!"

„Die Annie? Wer ist diese Annie?"

„Erinnern Sie sich nicht mehr?"

Noch immer nachsehend, rief er Justus die Thatsachen, welche sich an den Namen knüpften, zurück, bis das dahineilende Paar im entfernten Dämmerschein unter den Fußgängern nicht mehr zu unterscheiden war.

Es war ein Jammer, daß dieses herrliche, moralisch so kerngesunde Geschöpf doch zuletzt, Gott weiß welchen schändlichen Künsten und Mitteln unterlegen war. Aber die Vorwürfe, mit welchen sich Antonio's noch recht zartes Gewissen abmarterte, weil er nicht Alles daran gesetzt, sie einen Tag früher wieder aufzusuchen, ... daß er sie überhaupt nicht lieber auf der Straße hatte verkommen lassen, konnten jetzt ihr Schicksal nicht mehr ändern.

„Wie wir doch so Nichts sind," rief er bitter, „als ein elendes Spielzeug in den Händen eines kindischen Fatums. Mit der naiven Grausamkeit spielender Kinder greift es unter die wimmelnden, zappelnden, durcheinander und übereinander kriechenden Käferchen in seiner Schachtel hinein, schmiert dem einen ein Honigtröpfchen ums Mäulchen, läßt das andere an einem Faden schwirren, und dem dritten reißt es mit lachender Bedächtigkeit ein Bein, einen Flügel nach dem andern aus oder steckt es lebendig an eine glühende Nadel auf. Was hat dies arme Weib gethan, daß es zu solch schmählichem Loos auserlesen sein muß!"

Vierzehntes Kapitel.

Europäisch-amerikanische Geschäftsverwicklungen. Dem Helden wird sein Geschäft über dem Kopf verkauft.

Man sieht, unser Held war trüb' gestimmt. Auch war der Stand der Dinge in Chicago nicht dazu angethan, ihn auf die Dauer zu erheitern. Die gegenwärtige Verlegenheit war zwar noch durch den außerordentlichen Glücksfall überstanden worden, aber die Firma war damit noch keineswegs aus ihren Verlegenheiten heraus. Der Westen hatte sich erst ganz allmälig von der Niederlage der Krisis von 1857 erholt, so daß das Waarenlager für den erschöpften Markt viel zu groß blieb und die außenstehenden Forderungen nicht einliefen. Haffner hatte sich in dieser Lage mit Noten geholfen, die ihm ein kleiner Fabrikant, mit Namen Weber, geschmeichelt durch die Verbindung mit dem großen Hause, endossirt hatte und welche durch das renommirte deutsche Banquierhaus Hochmann & Grünede negociirt wurden. Auf diese Weise schleppte sich die Sache noch hin. Antonio machte sich sogleich nach seiner Ankunft wieder auf den Weg, um in verschiedenen Theilen des Westens neue Anstrengungen zu machen, ob sich nicht der Absatz erweitern und Einiges von den Ausständen retten ließe.

Es war während dieser Abwesenheit, daß Herr Weber, der so liberal endossirt hatte, eines schönen Morgens zu seinem größten Schrecken eine Note auf sich zurückkommen sah. Er war aber noch nicht im Reinen, ob er sich selbst oder seinen Endosseurs, den Herren Haffner & Wohlfahrt die Haare ausraufen sollte, als der ältere und gewiegtere Banquier mit Herrn Haffner schon bei ihm eintrat, und ihm den Vorschlag machte, das Geschäft zur Entschädigung für seine endossirten Wechsel selbst an sich zu nehmen, als einziges Mittel, sich selbst und alle — wenigstens alle amerikanischen Schulden — betheiligten zu decken. Der Betrag der amerikanischen Schulden war 100,000 Dollars. Für eben dieselbe Summe sollte Haffner das Geschäft an Weber verkaufen. Weber gab dafür seine Noten, die Hochmann negociirte, und mit denen Haffner die amerikanischen Gläubiger der Firma mit Einschluß des

Käufers und des Banquiers bezahlt machte. Bis die Noten fällig wurden, hatte man den Ausverkauf bewerkstelligt und die Noten durch den Erlös gedeckt. Was dann nach weiterem Abzuge der Geschäfts=kosten und einer Vergütung von 2000 Dollars für Weber's Mühe übrig blieb, ging an die Partner zurück, die sich über die Vertheilung unter sich verständigen konnten, wie sie mochten.

Die Basis dieser genial ausgedachten Finanzoperation war offen=bar das Vertrauen zu dem reellen Werth des Geschäftes, dessen Ver=legenheiten nur von der gegenwärtigen Schlaffheit des Marktes her=kamen. Man gewann auf die vorgeschlagene Weise Zeit, das Lager zu verwerthen; die amerikanischen Gläubiger hatten das Pfand für ihre vollständige Deckung selbst in Händen, ohne sich auf das Risico gericht=licher Abfindungen einlassen zu müssen; für die Partner selbst endlich, deren Noten schon protestirt waren, war die Frage blos, ob sie ihr Ge=schäft von gerichtlich bestellten Verwaltern oder privatim abwickeln lassen wollten. Das Letztere versprach unbedingt ein günstigeres Re=sultat. Es war freilich hart für den europäischen Partner, der solche unverhältnißmäßige Summen mit immer neuer Bereitwilligkeit in den unersättlichen Schlund der Firma hineingeworfen hatte, sich so plötzlich um die Frucht so vieler Opfer betrogen zu sehen. Allein das war ein Unglück, wofür bei dem Concursverfahren noch weniger Abhülfe in Aussicht stand, als bei der hier vorgeschlagenen Uebertragung an einen Dritten. Nur eine Partei kam bei diesem Plane zu kurz, nämlich die europäischen Gläubiger, die Lamberts, welche jene großen Waaren=lieferungen gemacht hatten. Die Theilung vorweg zu nehmen und sich seine volle Forderung zu sichern, ehe die europäischen Gläubiger durch das Hinzutreten der ihrigen den Antheil eines jeden amerikanischen Gläubigers bedeutend verringerten, das war offenbar das leitende Mo=tiv, der inspirirende Gedanke des Operationsplanes.

Haffner interessirte sich sehr wenig für das Schicksal jener Europäer, die ihm niemals zu Gesicht gekommen. Es mag auch sein, daß seine Bedenklichkeiten, wenn er deren überhaupt hatte, durch die Zusicherung besonderer Vortheile bei dem Handel beschwichtigt wurden. Aber die Herren, die jetzt in Weber's Hinterzimmer die Köpfe über denselben zu=sammensteckten, waren im allertiefsten Grunde des Herzens überzeugt, daß Herr Wohlfahrt nun und nimmermehr seine Zustimmung zu einer solchen Uebervortheilung irgend welchen Theils der Gläubiger geben würde. Sein Name wurde daher während der Sitzung auch kaum anders, als mit der Sauce servirt: „Sie wissen ja, er ist kein Geschäftsmann." Man schickte ihm zwar pro forma eine telegraphische Depesche zu, dies aber in der wohlwollenden Erwartung, daß ihn dieselbe nach der Sitte des damals im Westen noch ziemlich unsicheren Telegraphenverkehrs erst zukommen würde, wenn sich überhaupt nichts mehr an der Sache ändern ließe. Damit war dem Gewissen Genüge geleistet, und man konnte nachher, „mit stillem Vorwurf im Gesichte" fragen: „Aber warum haben Sie denn auf unsere Depesche kein Wort von sich hören lassen?" Uebrigens gab es keine Zeit zu verlieren. So war denn in weniger als 1½ Stunde die vollkommenste Uebereinstimmung erzielt, und am nächsten Mittag um 12 Uhr, es war am 12. October, Alles gerichtlich besiegelt und unterschrieben. Als Antonio nach Hause kam, hatte er das Nachsehen. Er lärmte vergebens. Es ließ sich an der Vollmacht des einen Partners, für die andern zu kaufen und zu verkaufen, gesetzlich nicht rütteln und nicht schütteln. Er bat die Herren, nur wenigstens mit dem Ausverkauf zu warten, bis er nach Cöln geschrieben und Antwort erhalten habe. Er sei überzeugt, das Geschäft sei bei allmäliger Wiederbelebung des westlichen Marktes wenigstens das Doppelte werth. War es den amerikanischen Gläubigern blos um ihre 100,000 Dollars zu thun, so wäre es jedenfalls in Bröfingk's und der Lamberts' Interesse, ihnen dieselben zu garantiren und das Geschäft dagegen wieder zurückzunehmen. Weber und Hochmann waren's zufrieden, die Uebergabe rückgängig zu machen, wenn die Cölner dagegen die amerikanischen Schulden garantiren wollten.

Ungefähr um dieselbe Zeit, als dieser Brief in Cöln ankam, stieg Justus Wilhelmi, wie gesagt, in wichtigen Angelegenheiten nach Europa gerufen, in Bremen ans Land. Schon am Morgen nach seiner Ankunft, während er, nur noch halb erwacht, im Bette mit Gusto das Schlendriansaroma einschlürfte, das einem lange im Ausland gewesenen Deutschen aus der vaterländischen Atmosphäre, vorzüglich der vaterländischen Gasthausatmosphäre, entgegenweht, überraschte ihn eine telegraphische Depesche von Bröfingk: „er möge doch sogleich in Angelegenheiten von höchster Wichtigkeit nach Cöln kommen." Ein bald darauf folgender Brief erklärte das Weitere.

Wilhelmi hatte zunächst in eigenen Geschäften alle Hände voll zu thun. Er eilte jedoch so bald wie möglich zu seinem Freunde.

Brösingk hing noch immer an dem überseeischen Geschäft, aber die Lamberts waren überseekrank. Wilhelmi, der das Geschäft nicht kannte, konnte natürlich keinen Rath ertheilen und wies zuerst alle Fragen und Klagen mit seiner beliebten Devise ab: „So spielt man in Venedig."

Endlich jedoch rückten sie mit dem Begehren heraus, er solle bei seiner Zurückkunft nach Chicago gehen und die Sache untersuchen. Wenn er es dann für gerathen hielte, daß sie die Bürgschaft übernähmen, so hätten sie volles Vertrauen zu seinem Urtheil, daß sie es thun dürften. Er ließ sich zuletzt mit großem Widerstreben zu dem Versprechen herbei, die Bonds im Namen der Interessenten zeichnen zu wollen, sofern sein Urtheil zu Gunsten solchen Vorgehens ausfiele. Zu diesem Zweck wurde ihm eine von dem amerikanischen Consul gezeichnete Vollmacht in blanco aufgedrängt. Mit diesem Danaergeschenk in der Tasche kehrte er nach Amerika zurück und ging unmittelbar nach seiner Landung nach Chicago. Nach zehntägiger Arbeit, Tag und Nacht, kam er zu der Ueberzeugung, daß die von Antonio gegebene Darstellung im Ganzen correct sei. Antonio machte sich persönlich verbindlich und wollte das Geschäft (als Gewissenssache) wieder übernehmen.

„Freund, sei vernünftig," sagte Justus, „und laß Deine Finger von Geschäften weg."

Die Andern nahm er Alle einzeln und Alle an demselben Tage vor. Die Herren mußten ihre Forderungen reduciren und sich mit dem einfachen Bond statt des doppelten begnügen. Und nun sah Wilhelmi wol, daß, um das Geschäft nach einer solchen Erschütterung wieder vollständig zu heben, die Noten so viel wie möglich aus dem Markt geschafft werden müßten. Er war bei der Arbeit warm geworden und wollte die Sache nun einmal durchführen. Er schoß also 50,000 Dollars baar aus seiner Tasche vor. Damit hörte nun die Nothwendigkeit der Bürgschaft zu dem weiteren Betrage auf. Die Vollmacht, welche seine Cölner Freunde ihm auf die Aussicht hin übergeben hatten, sich dadurch für 200,000 Dollars zu binden, zeichnete er jetzt in ihrem Namen für nur 30,000 Dollars, mit dem Bewußtsein, für seine aufopfernde Mühe, die großmüthigste Hülfe in einer fremden Angelegenheit und für das Geschick, womit er die schwierige financielle Operation durchgeführt hatte, sich Freunde und Dank für alle Zukunft gesichert zu haben.

Alles wäre auch gut gegangen, wenn Louis Napoleon und Graf Cavour unserem Freunde nicht die „Cirkel zertreten" hätten. Als Wilhelmi am letzten Februar in New York aus dem Eisenbahnwagen stieg, erwartete ihn sein Commis am Bahnhofe.

„Kommen Sie schnell. Ein Herr Togares hat zehn Tage auf Sie gewartet; er konnte es nicht länger. Eilen Sie auf den Steamer, vielleicht treffen Sie ihn noch."

Fünf Minuten vor der Abfahrt waren Beide auf dem Steamer.

Herr Togares, ein hochgewachsener Mann von militärischem Schnitt, maß das Quarterdeck mit gebieterischen Schritten in Gesellschaft eines blassen, schmächtigen, sehr jugendlich aussehenden Amerikaners, dessen ruhige, selbstbewußte Miene seltsam gegen die feurige Erregtheit seines weit ältern Gefährten abstach. Er hatte das jedem Spanier angeborene Befehlshabergenie im afrikanischen Dienste unter Bedeau zur Ausbildung gebracht. Er sah noch immer aus, als stände er unter oder über Bedeau: sonnverbranntes Gesicht, Imperial, kurzgeschnittenes Haar, Soldatenmütze, Rock bis ans Kinn zugeknöpft und eine Hand in der Tasche der weiten Hose.

„Hier ist Herr Wilhelmi."

"Eh bien! Freut mich, Sie noch zu sehen, Monsieur. Habe zehn Tage lang auf Sie gewartet. Habe mich erkundigt, überzeugt, daß Sie der Mann sind. Werden von mir hören; werden zufrieden sein. Adieu!"

In dem Augenblicke wurde die Brücke fortgezogen. Wilhelmi sprang herunter und sah verblüfft von unten nach dem Spanier hinauf, der aber weiter keine Notiz von ihm nahm, sondern immer noch afrikanisch auf und ab stolzirte. Er wußte gar nicht, was er von der Sache denken sollte.

„Aber wer ist dieser Herr?" fragte er den Commis.

„Ich weiß weiter nichts," sagte dieser, „als daß er zu uns seit zehn Tagen jeden Tag auf die Office gekommen ist, um nach Ihnen zu fragen, und daß er jedesmal unter furchtbarem Fluchen und Fußstampfen wieder abgezogen ist, wenn wir ihm sagten, Sie seien noch nicht zurück. Weiter konnten wir aus ihm nichts herausbringen."

„Herr Togares," sagte der bleiche, junge Amerikaner, der plötzlich neben Wilhelmi's Ellenbogen auftauchte, „ist der Agent der Sucursal Habanera, und wünscht Sie, Herr Wilhelmi, zu deren Vertreter hier. Sie werden das Engagement vortheilhaft finden."

„Und wen habe ich die Ehre —"

„Mein Name ist O'Shea."

„O'Shea?" Wilhelmi besann sich allmälig auf den Namen. „Ja wol, O'Shea. Sie werden sich meiner von dem Chicagoer Processe her erinnern. Da Sie mein Interesse dabei so gut wahrgenommen haben, so hielt ich es für nicht mehr als billig, die Ihrigen wahrzunehmen. Herr Togares wandte sich an uns um einen geeigneten Mann. Ich empfehle mich Ihnen."

Wilhelmi erinnerte sich, daß er auf Antonio's bestimmtestes Verlangen O'Shea seine Forderung von 20,000 Dollars auf das Chicagoer Geschäft gesichert hatte.

Wirklich erschien nach anderthalb Monaten (am 15. April) eine Tratte auf ihn von der Sucursal Habanera, welche 30,000 Dollars auf ihn zog mit beifolgenden Creditbriefen auf dieselbe Summe, „für den Fall, daß Sie nicht darauf vorbereitet sein sollten."

Schon zwei Tage darauf traf eine andere Tratte für eine ähnliche Summe ein, wobei dasselbe Verfahren beobachtet wurde, und so fort in rascher Folge. Wilhelmi gab diese Verbindung eine große Stellung auf dem Geldmarkte, und die Benutzung bedeutender Summen bis zu ihrer Verfallszeit. Er war auf gutem Wege, kaufmännischer Fürst zu werden.

Fünfzehntes Kapitel.

Da der Held sein Alles verloren hat, so wird er sein eigner Herr, lernt neue Kräfte in sich kennen und fühlt sich glücklich.

> „Ich hab' mein' Sach' auf Nichts gestellt."
> (Goethe.)

Aber was wurde unter so bewandten Umständen aus Freund Antonio? Er hatte auf die Sicherung des Postens an Herrn O'Shea mit Erfolg bestanden. Herr Haffner mußte auf irgend eine Weise für sich selbst gesorgt haben, da er bald nachher in einem westlichen Städtchen ein kleines Eisenwaaren-Geschäft eröffnen konnte. Für Herrn Wohlfahrt aber hatte Niemand gesorgt, da er es nicht verstanden, für sich selbst zu sorgen. Was lag ihm näher, als auf den zuerst angetretenen Beruf des Vorlesers oder lecturer's zurückzukommen, wozu sich, namentlich in jener Zeit, eine sehr günstige Gelegenheit bot. — Es war gegen Ende Januar, und der ominöse Neujahrsempfang des österreichischen Gesandten beim französischen Kaiser hielt stets die neugierigen Augen und wißbegierigen Gemüther des amerikanischen Publicums an die italienische Frage gefesselt. Antonio kündigte also in einer großen östlichen Stadt eine Vorlesung über die italienische Frage an. Das Haus war gedrängt voll; er gerieth in Feuer und hatte zwei und eine halbe Stunde gesprochen, ohne daß entweder er oder seine Zuhörer bemerkt hatten, wo die Zeit hingekommen war. Er hatte eine neue Macht, einen neuen Dämon in sich entdeckt. Bald fühlte er sich seinem Publicum als strenger Gebieter und scharfer Lehrmeister, bald als unterthäniger Diener oder verzogener Günstling gegenüber, bald als begeisterter Prophet, bald als ausgelassener Humorist, immer aber als vertrauter Freund. Vom ersten Augenblick, als er die Rednerbühne betrat, hatte sich der magnetische Strom zwischen ihm und seinem Publicum hergestellt, das wahre unerklärliche Geheimniß des rednerischen Erfolges. Es war ein berauschendes Glück, so auf der Woge des öffentlichen Gefühls zu reiten, es zu zügeln und zu spornen, bäumen und courbettiren, wüthend durchgehen oder sanft dahin tanzen zu lassen, wie ein feuriges Pferd unter der anmuthigen Kunst des Meisters.

Von diesem Augenblick an war sein Erfolg gesichert, wenigstens für die Saison oder so lange der Krieg oder die Erwartung des Krieges dauern mochte. Es regnete Einladungen von literarischen Gesellschaften, wie sie fast der kleinste Flecken in Amerika besitzt, um eine kleine Bibliothek und für den Winter einen Cursus von Vorlesungen im Gange zu halten. Antonio hatte jeden Tag einige hundert Meilen auf der Eisenbahn zurückzulegen, um jeden Abend an einem andern Orte zu sprechen; da er aber im Durchschnitt fünfzig Dollars für jede Vorlesung erhielt, so ließ er sich's gefallen.

Es war das vorletzte Engagement der kurzen Saison in einer der bedeutenderen Städte an der Erie-Eisenbahn, als ihm nach der Vorlesung Patrick O'Shea, den er schon zu seinem Erstaunen unter den Zuhörern bemerkt hatte, auf die Bühne kam. Patrick war zufällig in Geschäften anwesend, und hatte sich die Gelegenheit nicht entgehen lassen wollen. Trotz der schmeichelhaften Beglückwünschungen, die er ihm über seinen Vortrag machte, schien er doch sagen zu wollen: „Armseliges Geschäft!" und erkundigte sich theilnehmend, wie es denn gekommen sei? u. s. w.

„Und so ist Euch gar nichts übrig geblieben?"

„Nichts, wie Ihr seht; aber ich habe jetzt ein besseres Geschäft als vorher, eines, welches ganz von mir abhängt, und wobei ich in der kurzen Zeit seit Ende Januar zweitausend Dollars über alle meine Unkosten zurückgelegt und überdies noch genug für den Sommer zu leben habe."

„Ihr kennt die Yankees nicht," sagte Paddy bedenklich; „das kann nicht lange dauern. Sie müssen alle halbe Jahre ein neues Spielzeug haben."

Antonio, der seinem Freunde gegenüber sich hatte aufs hohe Pferd setzen wollen, fühlte sich durch die Anwendung eines so wenig schmeichelhaften Bildes auf ihn um so empfindlicher verletzt, als er die Wahrheit der Bemerkung fühlte.

„Ich will Euch was sagen," sagte Paddy, „wenn Ihr keinen bessern Gebrauch für Eure zweitausend Dollars habt und mir sie anvertrauen wollt, so kann ich vielleicht etwas damit für Euch machen."

Antonio zögerte. Paddy's Glück war ihm zu rasch über Nacht aufgeschossen, um übergroßes Vertrauen in dessen Dauer zu rechtfertigen. Aber irgendwo mußte er sein Geld doch anlegen. Vielleicht mochte es auch Paddy gerade brauchen, und er hatte sich ihm einst so dienstfertig erwiesen. Kurz, er überwies ihm seinen kleinen Schatz und beschloß leichten Herzens, wie nie zuvor in seinem Leben, die zehrenden Geschäftssorgen auf ewig hinter sich, mit 600 Dollars in der Tasche, im vollsten Sinne sein eigener Herr, den bevorstehenden Sommer zu Studien und Fußreisen zu benutzen.

Sechszehntes Kapitel.
Abrechnung zwischen Vater und Sohn.

Eines Morgens im Wonnemond erschien Herr Burkhardt, ein deutscher Banquier, auf Wilhelmi's Comptoir, und hielt ihm fünf Noten, zusammen zu dem Betrage von 10,000 Dollars, hin. Sie hatten auf der Rückseite den Namen des älteren Dawson.

„Sie kennen ja Dawson's Unterschrift," sagte Burkhardt. „Mein Clerk hat diese Noten discontirt, aber die Unterschrift ist mir verdächtig."

„Sprechen Sie Ihren Verdacht gegen keinen Menschen aus. Das Einfachste ist, daß ich direct zu Dawson gehe und ihn frage."

Wilhelmi ging also zu Herrn Dawson aufs Comptoir. Der Sohn begegnete ihm in der Thür. Es wollte Wilhelmi scheinen, als führe der Mensch unmerklich zurück. Der Geldherr sah sich jedoch die Noten an, ohne eine Miene zu verziehen und erklärte, es sei Alles in Ordnung.

„Es ist mir jedoch gerade recht, wenn Sie die Noten hier lassen und Bills von unserer Bank dafür nehmen wollten." Herr Dawson war nämlich jetzt Bankdirector und in financieller Beziehung vielleicht der geachtetste Name in der City. Er galt verschiedene Millionen. „Miles, händigen Sie dem Herrn zehntausend Dollars ein. Wie gehen die Geschäfte im Westen, Herr Wilhelmi? Ich höre, Sie kommen eben von Chicago?"

„Das ist nun wol schon einige Monate her."

Herr Dawson schien außerordentliches Interesse an den Geschäften im Westen zu nehmen. Er hätte, wie es Wilhelmi schien, sich in dem Augenblicke für jedes andere Thema ebenso sehr interessirt. Kurz, so vollständig Herr Dawson auch sein Gesicht in der Gewalt hatte, so war unserm Freunde die unmittelbare Einlösung der Noten doch nicht geheuer; allein da das Geld da war, so war es weiter nicht der Mühe werth, sich mit Conjecturen zu beunruhigen. Er lieferte die Bills sogleich an Burkhardt aus, welcher offenbar auch seine eigenen Gedanken darüber hatte. —

In Herrn Dawson's Hauswesen war seit jener Unterredung zwischen Mutter und Tochter eine große Veränderung vorgegangen. Vor jener Zeit hatte Mrs. Dawson anerkanntermaßen die Stellung an der Spitze der Modewelt in der Fünften Avenue behauptet. Ihr Haus war der Sammelplatz der großen Welt gewesen. Seit jenem August aber, d. h. seit mehr als zwanzig Monaten, hatten nur wenige Gesellschaften dort stattgefunden, und es war bekannt, daß sowol Mutter als Tochter sich während der Zeit mit ganz besonderem Eifer religiösen Uebungen hingegeben hatten. Das Leben konnte weder Freude noch Zweck für das im Geheimen an ein hoffnungsloses Schicksal gefesselte Mädchen haben, für die Mutter, die jetzt erst fühlte, daß sie in der Hoffnung ihrer Tochter lebte, ebenso wenig.

Dazu machte sie es sich zur schweren Schuld, daß sie sich um das zarte Herz nie anders bekümmert hatte, als etwa um ihm Unterricht in der Frivolität und dem Romanheldenthum zu geben. Und wie sich nun in der fürchterlichen Prüfung ihr eigenes Leben vertiefte, so sah sie erst, wie verfehlt es in der fashionablen Verbindung mit dem Geldmanne und der Fünften Avenue gewesen war. Alle zurückgestaute Liebe, alle blutende Hoffnung brach jetzt aus der verborgenen Tiefe ihres Herzens mit Gewalt hervor, um Trost am Busen der unendlichen Liebe zu finden, und diesen Trost in das verzweifelnde Herz ihrer Tochter auszugießen. Für Mrs. Dawson wäre die Enthüllung vor der Welt nicht weniger fürchterlich gewesen, als für Mary selbst. Das Gefühl der gemeinsamen Gefahr auf dem selbstgewählten schwindelndem Steg, das Bewußtsein einer hohen Resignation, schloß ihre Herzen fest an einander, adelte ihren Bund und gab ihm eine Innigkeit, einen Schwung, welche vielleicht dem heitern Glück der ungeprüften Unschuld nichts nachgaben.

Es war noch nicht zu spät gewesen, als Mrs. Dawson nach zwanzig Jahren im Taumel der Welt plötzlich umkehrte und sich erinnerte, daß ihr das Herz ihrer Tochter anvertraut sei. Der Character des Mädchens selbst hatte es über einen Abgrund von lauernden Gefahren so weit hinweg getragen. Die wahre Gefahr, welcher sie noch ausgesetzt war, die der tödtlichen Erstarrung, löste sich unter dem Schlage des mütterlichen Herzens.

Zwanzig Monate nach jener Herzensergießung zwischen Mutter

und Tochter wurde nun auch Herr Dawson daran erinnert, daß ihm der Character seines Sohnes anvertraut gewesen. Die Gefahren, denen der Sohn eines reichen Mannes im Lande der jugendlichen Ungebundenheit und in einer Stadt, wie New York, ausgesetzt ist, hätten vielleicht eine noch sorgsamere Führung verlangt, als das durch so viele gesellschaftliche Gewohnheiten geschützte Betragen eines jungen Mädchens. Das war aber dem Geldmanne niemals eingefallen. Das innere Leben des jungen Mannes war ihm eine terra incognita, nach deren Erforschung er niemals die geringste Neigung verspürt hatte, bis zu dem Augenblick, wo die Entdeckung gefälschter Unterschriften den Vater zu einer vertraulichen Mittheilung an seinen Sohn nöthigte.

Es war am Abend desselben Tages, wo Justus Wilhelmi jene Noten vorgelegt hatte, daß Herr William Dawson in seiner Bibliothek am Kaminfeuer saß, um auf Herrn Augustus Dawson's Nachhausekunft zu warten.

Die Thür nach der Treppenhalle stand angelehnt. Es war elf Uhr; Alles im Hause war zu Bette. Herr Dawson saß unbeweglich; nur hin und wieder drückte er die Lippen fester zusammen, wobei seine Augen jedesmal ein unheimliches Feuer annahmen.

Die Uhr auf dem Gesims schlug Zwölf. Herr Dawson saß noch immer in derselben Stellung. Die Kohlen hatten ihre leichten Flammen versprüht und glimmten nur noch in dunkelrothen Crevassen, von denen die leichte weiße Asche auf die polirte Stahlplatte des Herdgitters fiel. Herr Dawson streckte keine Hand nach dem nahen Kupferbecken aus, worin die großen Kohlenstücke hoch aufgeschichtet lagen, um das Feuer zu unterhalten.

Es schlug Eins. Das Feuer war vollends ausgegangen. Die röthlichen Schlacken lagen todt auf dem kalten Herde. Herr Dawson saß noch immer unbeweglich da, ohne sich um die eisige Luft zu bekümmern, die allmälig, vom Fenster aus in das Zimmer bringend, ihm scharf in die Kniee schnitt.

Es war nahe gegen zwei Uhr, als auf der steinernen Treppe vor dem Hause Tritte heraufschlürften. Ein Nachtschlüssel wurde in das Schloß gesteckt. Es war so stille, daß der leise Ton ganz deutlich in die Bibliothek hinaufdrang. Ein Lied summend, kam der junge Mann die Treppe herauf. Als er auf der obersten Stufe sich nach dem Lichtschimmer umdrehte, sah er die dunkle Gestalt seines Vaters in der Thür des Zimmers stehen. Er stand wie angezaubert, als hätte er einen Geist gesehen, und fühlte, wie ihm der bleiche Schrecken das Blut in den Adern gefrieren machte. Er wußte, warum es sich handelte.

„Kommen Sie herein, Sir," zischte Dawson der Aeltere mit ganz leiser Stimme, die aber mit furchtbarer, gebieterischer Deutlichkeit in die Ohren des Sohnes drang. Der alte Herr hielt ihm die Thür auf und schloß sie, nachdem er ihn hatte vorbeipassiren lassen, sorgfältig.

„Setzen Sie sich, Sir."

Beide setzten sich ans kalte Kamin.

Herr Dawson nahm sein Taschenbuch hervor, nahm die gefälschten Papiere heraus und hielt sie dem Sohne hin.

„Sehen Sie sich das an, wenn's gefällig ist."

Der junge Mensch nahm sie, sah sie an, die Augen umflorten sich ihm, er ließ die Hand zitternd sinken, und die Papiere entfielen ihm auf den Boden.

Herr Dawson nahm sie ruhig auf, legte sie wieder sorgfältig in sein Taschenbuch zusammen und steckte dasselbe wieder bedächtig in die Tasche.

„Was haben Sie mit all diesen Summen angefangen?"

Keine Antwort.

„Ich muß wissen, wie die Sache zusammenhängt, oder Sie können sich für sich selbst arrangiren, wie Sie mögen."

„Unglücklich gespielt."

„Das ist die alte Geschichte; es steckt aber noch etwas Anderes dahinter."

Stillschweigen.

„Wie gesagt, wenn Sie nicht reden wollen, — mich geht die Sache nichts an."

Diese fürchterlichste aller Drohungen, sich mit all seinen haarsträubenden Verlegenheiten auf seine eigenen Ressourcen angewiesen zu sehen, verfehlte zum zweiten Male ihre Wirkung nicht.

„Ich habe . . . eine . . . Maitresse."

„Das ließ sich denken. Wie viel frißt sie jährlich?"

„Fünftausend."

„Was? Nicht mehr als Fünftausend? Die ist bescheiden, das muß ich sagen. Aber es wird wol noch ein Nachsatz mit Extraerpensen kommen."

„Ach, sehr wenig. Kostet mich wirklich nicht mehr wie 10,000 Dollars Alles in Allem."

„Alles das erklärt's nicht. Wo steckt's also?"

Augustus ließ sich endlich durch seinen zähen Inquirenten das Geheimniß seines Vertrags mit dem Grafen entlocken.

Herr Dawson verrieth weder Erstaunen, noch Zorn. Er fragte blos geschäftsmäßig: „Und diese 10,000 Dollars sind die letzte Rate?"

„Ja, Sir."

„Und was dann?"

„Bin jetzt frei."

„Frei? Sie sind ein wahrer Narr. Wenn der Mensch morgen früh wieder seinen Agenten schickt, um Ihnen einen zweiten Vertrag, wie Sie das nennen, nach dem Muster des ersten abzuwürgen, haben Sie sich schon überlegt, was sie antworten wollen?"

Augustus sah sehr verdutzt aus. Es schien ihm ein unangenehmes Licht aufzudämmern.

„Es gibt nur ein Mittel. Sie müssen dem Grafen seine Frau zurückschicken."

„Wenn er sie aber nicht haben will?" wandte Augustus zögernd ein.

„Bieten Sie ihm 10,000 Dollars — ich will sie zahlen, — gegen einen Empfangschein, daß Sie ihm seine, Ihnen gegen Ihren Willen zugelaufene Frau zurückgeschickt haben."

„Wenn er aber den Empfangschein nicht geben will?"

„Das Frauenzimmer muß aus dem Wege. Wie? das ist Ihre Sache."

Der junge Mensch starrte seinen Vater mit weit aufgesperrten Augen voller Schrecken an; aber auf dem Gesichte des Herrn Dawson zeigte sich nichts, als die Entschiedenheit, welche ihm in allen Geschäftssachen eigen war. Die stereotypen Freundlichkeitsfalten um Mund und Augen blieben mildernd stehen. Sie würden jedoch Keinen, der die Fischaugen des Mannes einmal beim Lichte jener Worte gesehen, je wieder getäuscht haben.

„Wie hoch belaufen sich Ihre Schulden überhaupt?" fuhr Herr Dawson fort. „Mehr als 60,000 Dollars, Sir?"
Keine Antwort.
„Mehr als 75,000 Dollars? — als 100,000 Dollars? — als 150,000 Dollars?"
„Weiß wirklich nicht aus dem Kopf."
„Gut, Sir; ich spreche hier nicht, um Ihnen die Moral zu lesen; aber haben Sie sich jemals einen Plan gemacht, um aus diesem Dilemma herauszukommen?"

Der Sünder saß verloren da.

„Wenn das so fortgeht, so sind Sie binnen vier Wochen im Zuchthause." Hier zog der alte Herr wieder bedächtig die falschen Noten hervor und ließ sie durch die Finger spielen.

Pause.

„Also hören Sie mein letztes Wort. Ich bezahle alle Ihre Schulden . . ."

Der junge Mensch horchte mit blitzenden Augen auf. „Sehr schön von Ihnen, Sir."

„Ich bezahle alle Ihre Schulden, wie hoch sich dieselben auch belaufen mögen; Sie aber schaffen sich das Frauenzimmer vom Halse. Wie? das ist Ihre Sache."

Der Sohn warf noch einmal einen scheuen, angstvollen Seitenblick auf den Mann, als wollte er den gräßlichen Sinn dieser Worte widerlegt sehen; aber es ließ sich nichts herauslesen.

„Und dann heirathen Sie."

„Wen soll ich heirathen, Sir?"

„Das ist Ihre Sache; das geht mich nichts an."

Damit zog Herr Dawson seine Uhr auf und zündete sich das Wachslicht auf dem silbernen Nachtleuchter an.

„Vergessen Sie nicht, das Gas abzudrehen, wenn Sie zu Bett gehen."

Dann schloß er die Thür wieder auf, wandte sich noch einmal um und sagte: "A propos wegen Heirathens. Wenn Sie gescheit sind, so nehmen Sie sich eine Neu-Engländerin, die solide erzogen ist."

Augustus horchte. Er hörte bald darauf den Schlüssel in seines Vaters Schlafzimmer abschlagen. Die Conferenz war unwieder=

bringlich zu Ende, das letzte Wort gesprochen. Vor das Kamin zurückgekehrt, zog der junge Mensch seinen Revolver aus der Tasche, drehte ihn rund um, um sich zu überzeugen, daß auch alle sechs Läufe geladen seien, zählte diese mechanisch, zählte sie wieder und wieder, ohne zu wissen, was er that. Endlich hob er den Lauf gegen die Stirn. Wie er den Kopf dabei aufrichtete, fiel sein Auge auf das Portrait seines Vaters über dem Kamin. Vor dem kalten Auge des Bildes — eins von Lawrence's Meisterstücken — verbarg er rasch, wie ein ertappter Dieb, die Pistole unter dem Rockschoß und schlich sich zur Thür hinaus in sein Zimmer. Das Gas blieb die ganze Nacht über brennen."